Revue des qualités des IDE en Tunisie

STIMULER LA PRODUCTIVITÉ ET CRÉER DE MEILLEURS EMPLOIS

OCDE
DES POLITIQUES MEILLEURES
POUR UNE VIE MEILLEURE

Cette publication a été préparée avec l'aide financière de l'Union européenne. Les vues qui y sont exprimées ne reflètent en aucun cas l'opinion officielle de l'Union européenne.

Ce document, ainsi que les données et cartes qu'il peut comprendre, sont sans préjudice du statut de tout territoire, de la souveraineté s'exerçant sur ce dernier, du tracé des frontières et limites internationales, et du nom de tout territoire, ville ou région.

Merci de citer cet ouvrage comme suit :
OCDE (2024), *Revue des qualités des IDE en Tunisie : Stimuler la productivité et créer de meilleurs emplois*, Éditions OCDE, Paris, https://doi.org/10.1787/213031fa-fr.

ISBN 978-92-64-71722-0 (imprimé)
ISBN 978-92-64-42398-5 (PDF)
ISBN 978-92-64-90605-1 (HTML)
ISBN 978-92-64-90185-8 (epub)

Crédits photo : Couverture © petrenkod/Getty Images.

Les corrigenda des publications sont disponibles sur : www.oecd.org/fr/apropos/editionsocde/corrigendadepublicationsdelocde.htm.

Avant-propos

La *Revue des qualités des IDE en Tunisie* examine comment les investissements directs étrangers (IDE) peuvent aider la Tunisie à atteindre les objectifs de développement durable (ODD) dans les domaines de la productivité et de l'innovation, du commerce, de l'emploi et de la qualité des emplois, et du développement des compétences. Les IDE constituent une source importante de financement en Tunisie, mais la dynamique des réformes doit être soutenue et approfondie afin que les bénéfices de l'investissement puissent être partagés plus largement dans la société et contribuer davantage à l'ambition de la Tunisie de devenir une économie fondée sur la connaissance. La revue met en lumière la contribution des IDE au développement durable en utilisant une multitude de sources de données nationales et internationales et identifie les orientations politiques permettant d'accroître leurs effets positifs.

La revue a été préparé par l'OCDE en coopération avec l'Agence de Promotion de l'Investissement Extérieur (FIPA) de Tunisie et avec le soutien d'un groupe de travail spécialisé qui comprenait le ministère de l'Économie et de la Planification, l'Institut national de la statistique, l'Autorité Tunisienne d'Investissement, l'Agence de Promotion de l'Industrie et de l'Innovation et l'Institut Tunisien de la Compétitivité et des Études Quantitatives. Les conseils et le soutien de la FIPA, représentée par Jalel Tebib et Imène Saadi, ont été déterminants pour la réussite de la revue. Thouraya Khayati, Sami Bouselmi, et Zied ont fourni également un soutien précieux. Fathi Elhajamara, de l'Institut national de la statistique, a fourni des statistiques essentielles basées sur le *Répertoire National des Entreprises*.

Cette revue s'inscrit dans le cadre de l'Initiative de l'OCDE sur les qualités des IDE et du Programme UE-OCDE sur l'investissement en Méditerranée. L'Initiative sur les qualités des IDE fournit aux gouvernements les données, les outils et les normes nécessaires pour évaluer la contribution des IDE au développement durable et définir les politiques qui permettront d'accroître ses effets positifs. Le Programme UE-OCDE sur l'investissement en Méditerranée soutient les efforts de réforme de l'investissement qui contribuent à la création d'emplois et à la croissance durable dans la région du Moyen-Orient et de l'Afrique du Nord. Cet examen s'appuie sur la coopération de longue date entre la Tunisie et l'OCDE dans le cadre du Programme MENA-OCDE pour la compétitivité. La Tunisie a adhéré à la Déclaration de l'OCDE sur l'investissement international et les entreprises multinationales et a réalisé un Examen des politiques de l'investissement de l'OCDE en 2012. L'Union européenne (UE) a soutenu financièrement la revue.

La revue a été préparé par Paula Adamczyk, Économiste, et Fares Al-Hussami, Chef de l'Équipe Qualités des IDE, Unité des investissements durables, Division de l'investissement, Direction des affaires financières et des entreprises, sous la supervision de Martin Wermelinger, Chef de l'Unité des investissements durables. Ana Novik et Stephen Thomsen, Cheffe et Chef adjoint de la Division de l'investissement, ont fourni une supervision globale. Stratos Kamenis, Économiste et Chef de projet, a fourni des contributions substantielles. Les délégués du Comité de l'investissement de l'OCDE, Sami Bousselmi de la FIPA, et Christoph Ernst, Martin Ostermeier, Joyanna Pelivani et Reina Kuwashima de l'Organisation internationale du travail ont fourni des commentaires précieux. L'analyse a bénéficié de discussions avec Leila Baghdadi de la Banque mondiale et Carl Daspect de la Délégation de l'UE en Tunisie. Le rapport a été approuvé par la procédure écrite par le Comité de l'investissement de l'OCDE le 27 mai. Lucinda Pearson, chargée de communication, a préparé le rapport pour sa publication.

Table des matières

Tableaux

Graphiques

Encadrés

Résumé

La petite économie de marché de la Tunisie a fortement bénéficié de l'ouverture du commerce et de l'investissement et de l'intégration dans les chaînes de valeur mondiales (CVM). Les grandes réformes du climat des affaires, y compris ces dernières années, et la création du régime offshore en 1972, ont conduit la Tunisie à attirer un volume important d'investissements directs étrangers (IDE). Le ratio stock d'IDE/PIB de 85 % est élevé par rapport à d'autres économies émergentes, mais a tendance à diminuer. Les inconvénients économiques causés par la crise financière mondiale, les perturbations politiques internes et la pandémie de COVID-19 ont eu une incidence considérable sur les IDE, qui sont généralement en baisse depuis 2012. En 2022, les flux d'IDE représentaient 1,5 % du PIB, un pourcentage faible par rapport à celui enregistré dans la région MENA (2,3 %) et aux années précédentes. L'intensité des échanges (la part des exportations et des importations dans le PIB) a atteint 111 % en 2022, soit deux fois plus que la moyenne de l'OCDE. La productivité du travail est toutefois modeste et a diminué depuis 2011 en raison d'une concurrence limitée, en partie due à l'implication importante de l'État dans l'économie, ce qui entrave le dynamisme des investissements. La formation brute de capital fixe a chuté à 16 % du PIB en 2022, un pourcentage qui s'élevait à 26 % en 2010.

La contribution des IDE au développement durable est importante, mais elle pourrait stimuler davantage la productivité et améliorer la création d'emplois

La stagnation des IDE en Tunisie peut retarder les progrès vers les Objectifs de développement durable (ODD), car les entreprises étrangères sont susceptibles de créer de nombreux emplois, de verser des salaires plus élevés, d'être plus productives et mieux intégrées dans les CVM. Sur l'ensemble des entreprises privées en Tunisie, 3,5 % étaient à capitaux étrangers en 2022. Ces entreprises étrangères ont généré 11 % des revenus et employaient 21 % des travailleurs du secteur privé formel. Près d'une entreprise étrangère sur quatre emploie au moins 50 salariés, contre 2 % des entreprises tunisiennes, et 6,5 % comptent plus de 200 salariés. Parmi les grandes entreprises étrangères, se trouvent principalement des fabricants de textiles, de machines, d'électronique ou d'équipements automobiles. Toutefois, les entreprises étrangères plus petites font partie du secteur des services, principalement dans le domaine scientifique, technique, commercial ou des TIC. La moitié des entreprises étrangères sont des micro-entreprises, peut-être des investisseurs de la diaspora tunisienne qui achètent des terres pour l'agriculture, construisent une maison ou créent une petite entreprise dans leur région d'origine, souvent des zones rurales, contrairement aux étrangers qui choisissent des centres urbains côtiers. La zone métropolitaine de Tunis a accueilli 67 % des entreprises étrangères et attiré plus de la moitié des IDE hors secteur de l'énergie entre 2013 et 2022.

La contribution importante des IDE au développement durable est intrinsèquement liée au régime offshore de la Tunisie, créé en 1972. Combiné à d'importantes réformes de libéralisation dans les années 1990, les exportations du régime offshore de la Tunisie ont conduit à une augmentation des IDE et à sa forte intégration dans les CVM. En 2021, les entreprises étrangères offshore, majoritairement des fabricants européens de produits destinés à l'exportation en zone franche, représentaient 79 % de l'ensemble des entreprises étrangères, une part proche de 100 % dans les industries textiles et électriques-électroniques et d'appareils ménagers. Le modèle de régime offshore a toutefois montré ses limites, avec une économie duale caractérisée par des exportations importantes et à faible valeur ajoutée dans un secteur offshore incapable de créer des emplois pour les jeunes hautement qualifiés et un secteur intérieur protégé. En outre, les fabricants étrangers offshore sont peu intégrés au sein de l'économie locale. En 2021, ils ne se sont approvisionnés qu'à hauteur de 30 % auprès d'entreprises nationales, limitant les retombées en matière de connaissances pour les PME tunisiennes.

La contribution des IDE à la création d'emplois est importante et l'une des plus élevées de la région MENA, mais elle se limite aux emplois peu qualifiés. Une main-d'œuvre abondante, jeune et qualifiée a fait de la Tunisie une destination attrayante en matière d'investissements. En 2021, un employé du secteur privé sur cinq travaillait dans une entreprise étrangère : 34 % dans l'industrie manufacturière et 10 % dans les services, dont 95 % dans des entreprises étrangères offshore. Le nombre d'employés des entreprises étrangères a également doublé depuis 2005. Toutefois, la plupart des possibilités d'emploi se trouvent dans des professions moins qualifiées, créées par de grands exportateurs de fabricants étrangers. Un nombre moins important d'emplois ont été créés dans le secteur des services par les entreprises étrangères, mais ceux-ci nécessitent davantage de travailleurs hautement qualifiés, en particulier dans les TIC et les services commerciaux, scientifiques et techniques. Au sein de ces secteurs, les entreprises étrangères représentaient de 24 % à 44 % de l'emploi. Même si la plupart des emplois créés sont concentrés dans des activités manufacturières, la création d'emplois grâce aux IDE dans les secteurs des services et des énergies renouvelables s'est accrue au cours de la dernière décennie. Les entreprises étrangères offrent davantage de formation en cours d'emploi que les entreprises tunisiennes, ce qui témoigne du besoin continu des multinationales de s'adapter à la pression concurrentielle internationale, par le biais de la mise à niveau des compétences. L'incidence des IDE sur les résultats en matière d'égalité des genres est mitigée. La plupart des travailleurs des entreprises étrangères sont des femmes, dans des proportions plus élevées que dans les entreprises tunisiennes, mais ces femmes occupent souvent des emplois mal rémunérés dans le textile ou dans le secteur du tourisme.

Les investissements étrangers s'orientent progressivement vers des secteurs à plus forte intensité technologique et de compétences, mais pourraient soutenir davantage la croissance de la productivité et l'amélioration du niveau de vie. Au niveau national, la productivité du travail des entreprises étrangères a diminué de 17 % entre 2010 et 2022 et, en 2022, les entreprises étrangères étaient de 40 % à 50 % moins productives que les entreprises tunisiennes. En outre, les salaires qu'elles versent ne sont que légèrement plus élevés. Au niveau sectoriel, cependant, les entreprises étrangères sont plus productives et versent des salaires plus élevés que leurs homologues tunisiennes dans la plupart des secteurs. L'écart entre les performances au niveau national et sectoriel est dû à quelques secteurs dans lesquels les entreprises étrangères sont moins productives que leurs homologues tunisiennes. Ces secteurs représentaient près de la moitié des revenus totaux des entreprises étrangères et comprenaient principalement des exportateurs offshore de matériel automobile et électrique-électronique qui assemblaient des composants importés et les réexportaient avec peu de valeur ajoutée, ce qui limitait la productivité et les retombées des connaissances. Les mesures incitatives offertes aux exportateurs offshore associées à l'attrait limité du secteur onshore expliquent en partie l'incidence mitigée des IDE sur la productivité et les salaires.

Des réformes ciblées peuvent contribuer à accroître la contribution des IDE à une économie fondée sur la connaissance : orientations politiques clés

La Tunisie a entrepris ces dernières années de vastes réformes du climat des affaires visant à mobiliser les investissements privés, notamment les IDE, dans le but de réduire l'important déficit de financement, de créer davantage d'emplois de meilleure qualité et de stimuler la productivité globale. La loi sur les investissements de 2016, adoptée après des consultations approfondies avec des parties prenantes publiques et privées, a davantage libéralisé l'investissement, et d'autres réformes législatives ont renforcé les droits des investisseurs, créé un environnement plus favorable aux investisseurs et réduit le fossé entre les entreprises étrangères et nationales. Un nouveau projet de code des changes, qui doit être ratifié par le Parlement, devrait faciliter les transactions commerciales internationales. Les autorités ont également pris des mesures afin de réduire la dépendance à l'égard du régime offshore, avec pour objectif d'attirer les IDE et d'améliorer leur incidence sur le développement local. De nouvelles réformes sont nécessaires pour améliorer la contribution des IDE à la productivité, à l'innovation et à une meilleure création d'emplois pour les jeunes hautement qualifiés. Sur la base d'une évaluation de l'incidence des IDE sur le développement durable, les orientations politiques sont les suivantes :

- **Améliorer la cohérence des politiques en alignant la politique et la promotion de l'investissement sur la Vision 2035 de la Tunisie** et sur les plans nationaux visant à en faire une économie fondée sur les connaissances, avec le capital humain comme source d'innovation. La coordination institutionnelle est essentielle pour atteindre cet objectif.
- **Poursuivre les efforts visant à réduire la dichotomie entre les régimes offshore et onshore, afin d'étendre les motivations des investisseurs** au-delà des activités à faible valeur ajoutée, à bas salaires et destinées aux exportations en zone franche vers des segments plus productifs de la chaîne de valeur et des secteurs de services qui créent des emplois pour les demandeurs d'emploi hautement qualifiés.
- **Renforcer les réformes favorables à la concurrence, notamment en réduisant les obstacles à l'investissement étranger dans les secteurs de services pertinents** tels que les services aux entreprises et les TIC, afin de dégager des gains de productivité à l'échelle de l'économie et de soutenir un secteur privé plus dynamique qui crée des emplois plus nombreux et de meilleure qualité.
- **Mettre en place des mécanismes de surveillance et d'évaluation solides afin de mesurer l'incidence des IDE** sur la productivité, l'innovation et les résultats du marché du travail et anticiper les besoins en compétences des entreprises étrangères.

1 Vue d’ensemble

Le présent chapitre offre une vue d’ensemble de la situation actuelle des défis à relever par la Tunisie en matière de développement durable et analyse les tendances en matière d’IDE (Investissements directs à l’étranger) entrant dans les différents secteurs. Il expose de quelle manière les investissements étrangers contribuent aux objectifs de développement durable de la Tunisie et présente une synthèse des chapitres 2 et 3 portant sur l’incidence des IDE sur la productivité, l’innovation, la qualité de l’emploi et le développement des compétences.

1.1. L'investissement étranger, source importante de financement, s'essouffle depuis peu

La petite économie de marché de la Tunisie a fortement bénéficié de l'ouverture du commerce et de l'investissement et de l'intégration dans les chaînes de valeur mondiales (CVM). Des réformes d'envergure visant à améliorer le climat des affaires, notamment ces dernières années, et la création du régime offshore en 1972 ont permis à la Tunisie d'attirer un volume important d'investissements directs étrangers (IDE). Les entrées d'IDE ont atteint leur apogée en 2006 avec 3,2 milliards de dollars américains, représentant plus de 9 % du PIB de l'époque. Le ratio stock d'IDE/PIB s'élève à 85 %, un pourcentage élevé par rapport à d'autres économies émergentes. Cependant, les entrées d'IDE ont tendance à diminuer (Graphique 1.1). Les difficultés économiques engendrées par la crise financière mondiale et les perturbations politiques de la dernière décennie ont eu une incidence considérable sur les entrées d'IDE dans le pays, qui ont sensiblement diminué depuis 2012, bien qu'elles aient montré quelques signes de reprise en 2017 et 2018. Les chocs extérieurs résultant de la pandémie de COVID-19 en 2020 ont entraîné une contraction supplémentaire des afflux d'IDE. En 2022, les flux d'IDE représentaient 1,5 % du PIB, un pourcentage faible par rapport à celui enregistré dans la région MENA (2,3 %) et aux années précédentes, mais plus élevé que celui enregistré en 2021 (0,9 %) lors de la crise du COVID-19.

Graphique 1.1. La contribution des IDE à l'économie tunisienne est importante, mais a récemment ralenti

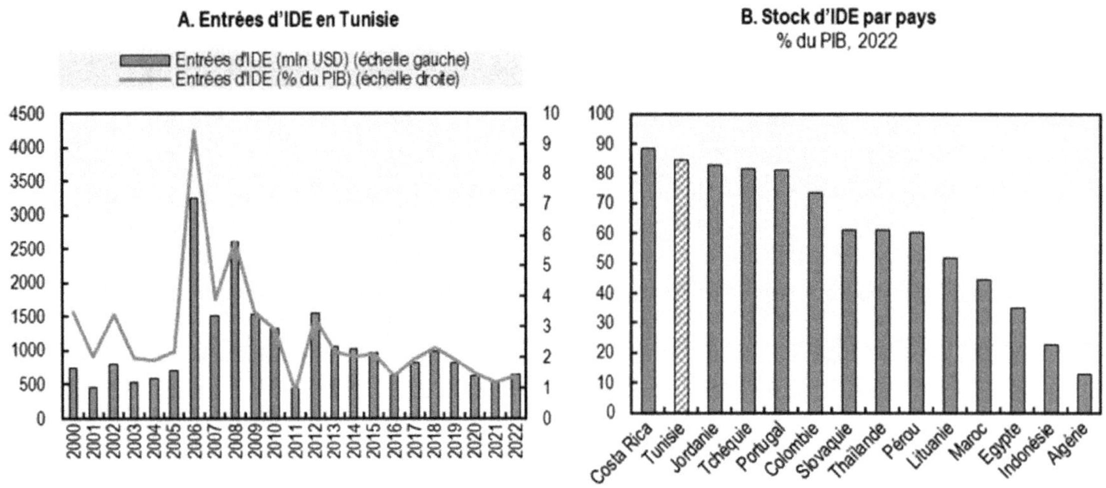

Source : base de données de la balance des paiements du FMI (IMF, 2024[1]); indicateurs du développement de la Banque mondiale (World Bank, 2024[2]).

La stagnation des IDE en Tunisie, conjuguée à une faible croissance économique, est un facteur susceptible de freiner les progrès vers l'atteinte des objectifs de développement durable (ODD). En effet, les investissements étrangers contribuent à réduire les importants besoins de financement extérieur de la Tunisie et les entreprises étrangères ont tendance à créer de nombreux emplois de qualité et à stimuler la productivité et l'innovation (OECD, 2022[3]). Les IDE peuvent également contribuer à la réalisation de la Vision 2035, qui a pour objectif de faire de la Tunisie une économie fondée sur la connaissance, avec le capital humain comme vecteur d'innovation. L'instabilité, avec des changements fréquents de gouvernement affectant la cohérence et la mise en œuvre des politiques, et l'incertitude sur les réformes prioritaires ont ralenti la croissance économique (Graphique 1.2). Cette situation nuit au dynamisme des entreprises et participe à l'expatriation des jeunes diplômés. L'instabilité géopolitique récente a entraîné une hausse des prix de l'énergie et des déséquilibres extérieurs persistants (OECD, 2022[4]). Le PIB a augmenté de moins de 1 % en 2023, alors que ce pourcentage s'élevait à 2,6 % en 2022, freiné par les pressions inflationnistes pesant sur la consommation et l'investissement et la baisse de la production agricole. La Banque centrale de Tunisie évalue la croissance du PIB à 2,1 % en 2024, un pourcentage nettement inférieur à celui prévu dans les économies émergentes, s'élevant à 3,9 % en moyenne (Central Bank of Tunisia, 2024[5]).

Graphique 1.2. La Tunisie est en mesure de rattraper son retard en matière de croissance économique par rapport aux autres économies émergentes

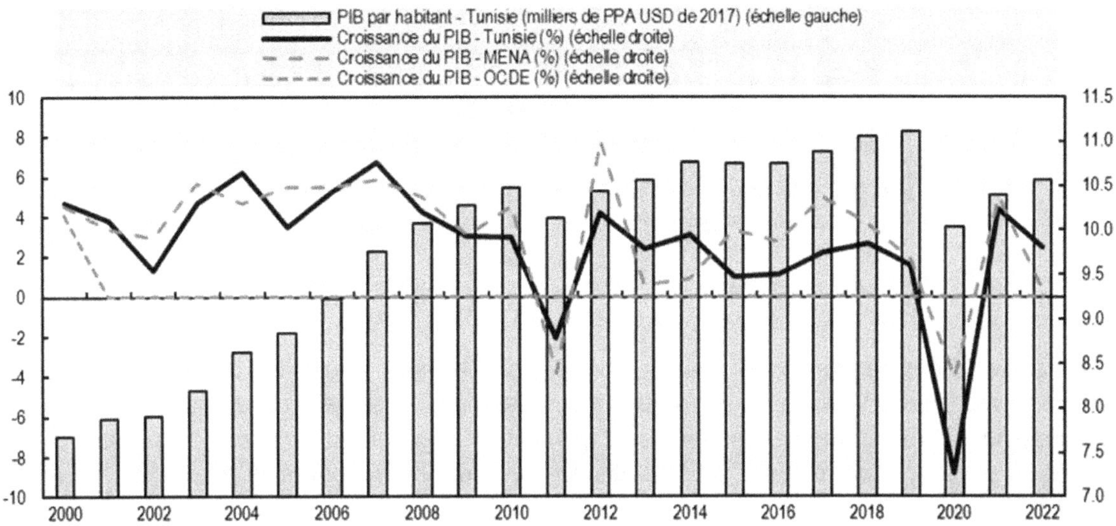

Source : Indicateurs de développement de la Banque mondiale (World Bank, 2024[2]) ; Base de données des perspectives économiques de l'OCDE (OECD, 2024[6]).

Malgré les défis actuels, la Tunisie offre de nombreuses opportunités économiques, notamment une main-d'œuvre qualifiée, une situation géographique favorable et des accords de libre-échange avec l'UE et l'Afrique. L'économie est diversifiée, avec une contribution importante et croissante des services à la valeur ajoutée, un secteur manufacturier à forte intensité de main-d'œuvre et un secteur agricole occupant une place importante par rapport aux pays de l'OCDE (Graphique 1.3). L'intensité des échanges (la part des exportations et des importations dans le PIB) a atteint 111 % en 2022, soit deux fois plus que la moyenne de l'OCDE. Les exportations, en particulier de machines, d'appareils électroniques, de textile et de vêtements, ont été un moteur essentiel de la croissance et de la création d'emplois. Cependant, la productivité du travail demeure faible au regard des normes internationales et a même diminué depuis 2011. La réaffectation des capitaux vers des secteurs ou des segments plus productifs des chaînes de valeur a été entravée par des problèmes structurels, notamment l'implication importante de l'État dans l'économie, et par l'affaiblissement de la confiance des entreprises, freinant leur dynamisme (OECD, 2022[4]). Dans l'ensemble, la formation brute de capital fixe a diminué au cours de la dernière décennie et ne représentait que 16 % du PIB en 2022, contre 26 % en 2010. Elle est toutefois légèrement en hausse depuis 2021.

Graphique 1.3. Structure économique de la Tunisie et des pays comparables

Part de la valeur ajoutée par secteur, en pourcentage

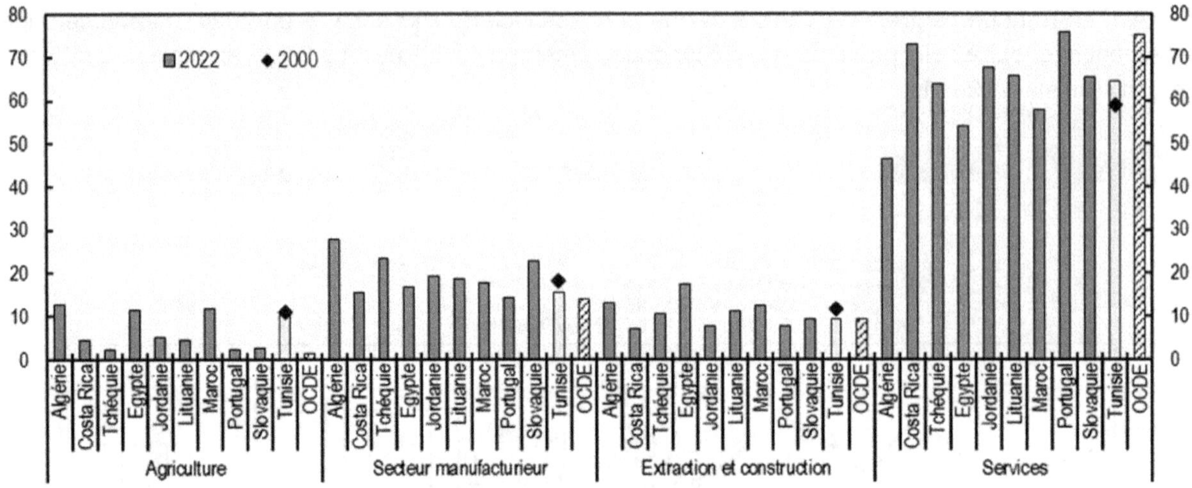

Source : OCDE d'après les indicateurs de développement de la Banque mondiale (World Bank, 2024[2]).

La Tunisie a entrepris de vastes réformes du climat des affaires au cours des dernières années afin de favoriser l'investissement privé, y compris l'investissement étranger. La loi sur l'investissement, promulguée en 2016 et adoptée après des consultations approfondies avec les parties prenantes publiques et privées, a permis une libéralisation accrue des investissements et apporté de nouvelles mesures incitatives, notamment des subventions salariales et à la formation. Depuis lors, la Tunisie n'a cessé de mener des réformes législatives visant à renforcer les droits des investisseurs et à créer un environnement qui leur est plus favorable (OECD, 2021[7]).

Toutefois, peu de progrès ont été réalisés depuis 2016 en ce qui concerne la rationalisation des restrictions sur la propriété étrangère. Le décret d'application de 2018 de la loi sur l'investissement énumère 243 régimes d'autorisation et de licence ; une autorisation est requise pour investir dans 49 secteurs si la propriété étrangère dépasse 50 %. Dans certains secteurs, tels que celui du commerce de gros, les IDE sont soumis à une interdiction générale (OECD, 2021[7] ; OECD, 2022[4]). Réduire les entraves à la propriété étrangère dans le secteur des services en Tunisie, tels que les services aux entreprises, les TIC (Technologies de l'information et de la communication), le transport et la logistique, pourrait contribuer à une amélioration de la productivité pour l'ensemble de l'économie, y compris dans les activités manufacturières axées sur l'exportation, qui reposent sur des apports de services et d'infrastructures digitales compétitifs et de qualité, et qui sont confrontées à une forte concurrence mondiale toujours plus importante (voir Encadré 1.1).

Les réformes ont également réorganisé le cadre institutionnel de la politique de l'investissement, désormais composé de plusieurs organismes dont les mandats se chevauchent en partie. L'Agence de Promotion de l'Investissement Étranger (FIPA) est chargée de promouvoir et de faciliter les investissements étrangers, de même que la plupart des agences de promotion des investissements (API) des pays de l'OCDE. Compte tenu de la fragmentation géoéconomique en cours, l'agence s'attache à offrir des conditions concurrentielles aux investisseurs étrangers qui envisagent de délocaliser leurs activités à proximité (nearshoring) pour alimenter le vaste marché européen. La FIPA opère sous l'égide du ministère de l'Économie et dispose de plusieurs antennes en Europe. L'Autorité Tunisienne de l'Investissement (Tunisia Investment Authority ou TIA) réglemente les activités d'investissement et conduit les réformes politiques dans ce domaine. Elle propose également des incitations fiscales pour les projets de grande envergure. L'Agence de Promotion de l'Industrie et de l'Innovation (APII) est quant à elle chargée de promouvoir le secteur industriel et l'innovation. Il s'agit du seul organisme d'investissement disposant d'antennes infranationales (OECD, 2019[8]). La présence de multiples organismes impliqués dans les questions d'investissement engendre des besoins considérables en matière de coordination afin d'assurer la cohérence et la mise en œuvre des politiques.

La Tunisie envisage de nouvelles réformes pour renforcer son cadre d'investissement : elle a lancé, dans le cadre de son Programme National des Réformes 2023-2025, une « Stratégie Nationale Pour l'Amélioration du Climat des Affaires », accompagnée d'une consultation publique en ligne à l'échelle nationale (OECD, forthcoming[9]). Les réformes en cours comprennent un projet de loi sur les changes visant à faciliter les transactions commerciales internationales, qui a été adopté en mars 2024 par le cabinet et qui est soumis à l'examen et à la ratification du Parlement. En effet, les étrangers sont confrontés à des restrictions pour effectuer des transferts bancaires à l'étranger à moins qu'ils ne soient une entité offshore. En évaluant l'impact des IDE sur la productivité, l'innovation, la création d'emplois de qualité et le développement des compétences, la présente revue propose des orientations supplémentaires en matière de réformes susceptibles de renforcer la contribution des IDE au développement durable.

Encadré 1.1 La libéralisation des IDE dans les services peut contribuer à améliorer la productivité dans l'ensemble de l'économie

Les efforts de libéralisation du commerce et de l'investissement déployés par la Tunisie dans les années 1990 ont entraîné d'importantes entrées d'IDE (Graphique 1.4, panel A). Toutefois, les restrictions réglementaires sur la propriété étrangère restent nettement plus élevées que dans les pays de l'OCDE. Une autorisation est nécessaire pour investir dans 49 secteurs si la participation étrangère dépasse 50 % (Graphique 1.4, panel B). Des restrictions en matière d'IDE s'appliquent également dans plusieurs secteurs, telles que définies par les législations sectorielles et commerciales, entre autres, plutôt que regroupées dans une liste négative. Ces restrictions comprennent des limites de la participation étrangère en matière d'acquisition ou d'investissements greenfield dans l'agriculture, les transports, les télécommunications, les services financiers, la distribution de gros et de détail et les médias (Graphique 1.4, panel C).

Graphique 1.4. Restrictions réglementaires sur la propriété étrangère en Tunisie

Indice de restrictivité de la réglementation des IDE (FDIRRI)

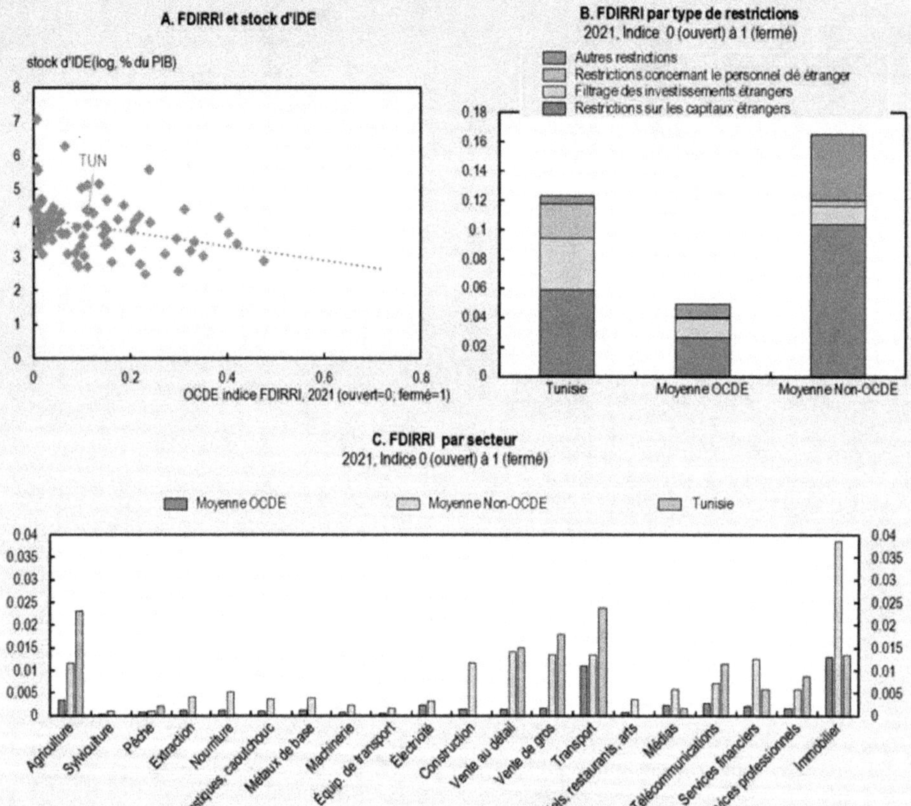

Dans le secteur du tourisme, les agences de voyages étrangères ne peuvent opérer qu'indirectement, par le biais de partenariats avec des agences de voyages tunisiennes (OECD, 2023[10]). Les restrictions en matière d'IDE dans le secteur des services et de l'infrastructure peuvent freiner les gains de productivité dans l'ensemble de l'économie, y compris dans les activités manufacturières qui dépendent de services compétitifs et de qualité.

Source : indice de l'OCDE de restrictivité de la réglementation de l'IDE (OECD, 2024[11]) https://www.oecd.org/investment/fdiindex.htm.

1.2. La contribution des IDE au développement durable en Tunisie : principales constatations

1.2.1. La diversification des secteurs et des sources d'IDE peut contribuer à améliorer la résilience économique

Le secteur de l'énergie et l'industrie manufacturière attirent la plupart des investissements en Tunisie, bien que leur ampleur ait diminué. En 2021, le secteur de l'énergie a bénéficié de 29 % du total des IDE selon les dernières données disponibles de la Banque centrale de Tunisie. En excluant le secteur de l'énergie, et selon les statistiques de la FIPA, l'industrie manufacturière est le secteur qui a attiré le plus d'IDE au cours de la dernière décennie (Graphique 1.5). Les IDE dans l'industrie manufacturière ont plus que doublé entre 2013 et 2022 et environ 75 % des IDE en 2022 sont revenus à ce secteur, le reste étant destiné aux services et moins de 1 % au secteur agricole. Au sein de l'industrie manufacturière, le secteur de l'électricité et de l'électronique est le principal bénéficiaire, suivi par les produits chimiques, le caoutchouc, le plastique, les machines et les métaux. Le secteur du textile n'a attiré que 3,5 % des IDE. Les IDE dans les services se sont concentrés dans la finance (38 %), les télécommunications (25 %) et le tourisme et l'immobilier (24 %). La répartition sectorielle des IDE en Tunisie est déterminée par de nombreux facteurs d'ordre politique ou non, notamment les avantages accordés par le régime offshore aux entreprises exportatrices et les restrictions sectorielles sur la propriété étrangère dans les secteurs des services (OECD, 2021[7]).

Graphique 1.5. L'industrie manufacturière est de loin le premier bénéficiaire des IDE, suivie par le secteur financier et les TIC

Part du secteur dans le total des IDE, hors secteur de l'énergie

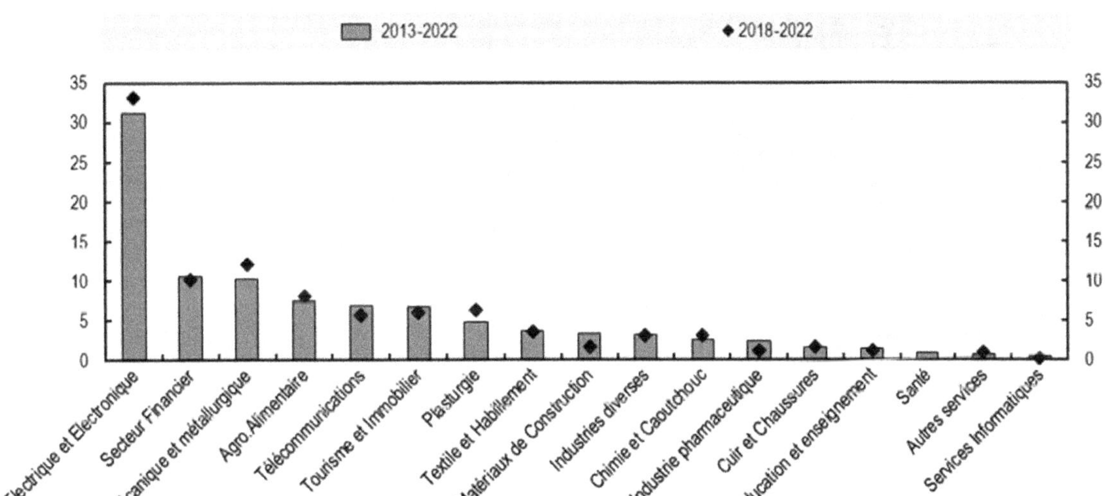

Note : la FIPA publie des statistiques sur les IDE par secteur, à l'exception du secteur de l'énergie, qui sont cohérentes avec les statistiques sur les IDE de la BCT (Banque Centrale de Tunisie). Les statistiques de la FIPA ont un niveau de ventilation par secteur plus élevé que celles de la BCT, mais cette dernière inclut le secteur de l'énergie dans ses données (OECD, 2020[12]), Examen par l'OCDE des statistiques d'investissement directs internationaux TUNISIE.
Source : calculs de l'OCDE d'après les données de la FIPA (*Rapports annuels des IDE*), (FIPA, 2023[13]).

Les investisseurs de l'UE et du Conseil de coopération du Golfe (CCG) dominent le paysage de l'investissement étranger en Tunisie. Ensemble, ils détiennent 84 % du total des IDE hors secteur de l'énergie sur la période 2013-2022. Ces deux groupes n'investissent pas dans les mêmes secteurs, ce qui a des répercussions sur l'incidence de leurs investissements respectifs pour divers résultats en matière de développement durable (Graphique 1.6). Les investisseurs de l'UE (66 %), situés majoritairement en France, en Italie, en Allemagne et en Espagne, détiennent la plupart des projets de transformation destinés à l'exportation. En 2020, la part de l'UE dans les importations totales s'élevait à 48 %, la majorité des produits non alimentaires de l'UE étant exemptés de droits d'importation en raison de l'accord d'association conclu entre la Tunisie et l'UE. Par ailleurs, deux tiers des exportations tunisiennes sont destinées à l'UE (Eurostat, 2022[14]) Les entreprises du CCG (essentiellement situées au Qatar et aux Émirats arabes unis) investissent principalement dans les secteurs de la finance, des TIC et de l'immobilier, qui sont moins orientés vers l'exportation et le marché tunisien. La diversification des sources d'IDE permettrait à la Tunisie d'accroître la résilience de son économie vis-à-vis des chocs extérieurs et des fluctuations du commerce mondial.

Graphique 1.6. Les investisseurs de l'UE sont majoritaires en Tunisie, mais investissent principalement dans l'industrie manufacturière

Total des IDE hors secteur de l'énergie au cours de la période 2013-2022

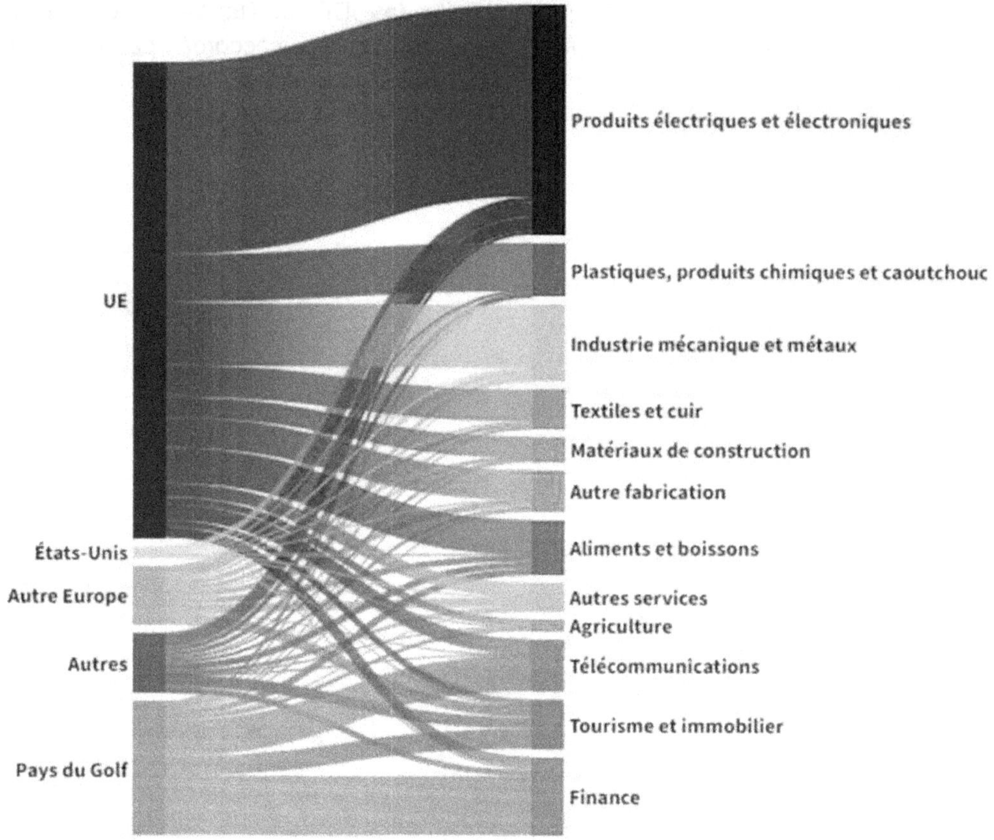

Note : les données excluent le secteur de l'énergie.
Source : calculs de l'OCDE d'après les données de la FIPA (*Rapports annuels des IDE*), (FIPA, 2023[13]).

1.2.2. De nombreuses entreprises étrangères sont de grands fabricants offshore de produits destinés à l'exportation

La stagnation des IDE en Tunisie est susceptible d'entraver les avancées à l'égard des ODD (Objectifs de développement durable). En effet, les entreprises étrangères sont nettement plus grandes que les entreprises tunisiennes et susceptibles de créer de nombreux emplois, de verser des salaires plus élevés, d'être plus productives et mieux intégrées dans les CVM. Cependant, les avantages peuvent ne pas se concrétiser de manière automatique, et les politiques et les facteurs institutionnels jouent un rôle important en matière d'effets directs et de retombées des IDE. La réalisation de ce potentiel dépend en grande partie du type, des motivations et des secteurs de l'investissement étranger, ainsi que de la taille, de la structure et des avantages technologiques inhérents à l'entreprise qui investit. L'instauration de liens entre les entreprises étrangères et tunisiennes dépend fortement des capacités de ces dernières (OECD, 2022[3]).

Sur l'ensemble des entreprises privées en Tunisie, 3,5 % étaient détenues par des étrangers en 2022. Ces entreprises étrangères généraient 11 % des revenus et employaient 21 % des travailleurs du secteur privé formel selon le *Répertoire National des Entreprises*. Près d'une entreprise étrangère sur quatre emploie au moins 50 salariés, contre 2 % des entreprises tunisiennes, et 6,5 % comptent plus de 200 salariés (Graphique 1.7, panel A). Parmi les grandes entreprises étrangères, en matière d'emploi, se trouvent principalement des fabricants de textiles, de machines, d'électronique ou d'équipements automobiles. Toutefois, de nombreuses entreprises étrangères font partie du secteur des services, principalement dans le domaine scientifique, technique, commercial ou des TIC (Graphique 1.7, panel B).

La moitié des entreprises étrangères sont enregistrées en tant que micro-entreprises, possiblement des investisseurs de la diaspora qui achètent des terres pour l'agriculture, construire une maison ou créer une petite entreprise (Delahaye et Tejada, 2018[15]). Les bénéfices en matière d'IDE provenant de la diaspora ne sont peut-être pas considérables, mais ils sont géographiquement plus étendus. La diaspora tunisienne a tendance à investir dans sa région d'origine, souvent des zones rurales ou éloignées, contrairement aux étrangers qui choisissent les grands pôles urbains côtiers (UNDP, 2016[16]). La zone métropolitaine de Tunis, le Grand Tunis, a accueilli 67 % des entreprises étrangères et attiré plus de la moitié des IDE hors secteur de l'énergie entre 2013 et 2022 (Graphique 1.7, panel C).

La contribution des IDE au développement durable est intrinsèquement liée au régime offshore de la Tunisie, créé en 1972. Ce régime accorde aux entreprises exportatrices des exonérations de droits de douane, des mesures incitatives fiscales et un accès préférentiel aux ports. Combiné à d'importantes réformes de libéralisation dans les années 1990, le modèle de croissance économique de la Tunisie, basé sur le régime offshore, a conduit à une augmentation des IDE dans les exportations à faible valeur ajoutée et à son intégration dans les CVM. En 2021, les entreprises offshore étrangères, majoritairement des industries de transformation pour l'exportation, représentaient 79 % de l'ensemble des entreprises étrangères, à l'inverse des entreprises offshore tunisiennes qui ne représentaient que 2 % des entreprises tunisiennes (Graphique 1.7, panel D). Ce pourcentage avoisine les 100 % dans les secteurs du textile, de l'électrique et de l'électronique et de l'électroménager. Le régime offshore de la Tunisie, et les activités d'import-export qui en découlent, sont dominés par les investisseurs de l'UE.

Axé sur une production à faible valeur ajoutée et à faible coût, le modèle du régime offshore a montré ses limites, notamment son incapacité à créer suffisamment d'emplois pour les jeunes hautement qualifiés qui intègrent le marché du travail (Encadré 1.2). L'économie se caractérise par des exportations de grande envergure et à faible valeur ajoutée dans le secteur offshore et par un secteur national protégé (OECD, 2012[17]). En outre, les fabricants étrangers offshore sont peu intégrés au sein de l'économie locale. En 2021, ils ne se sont approvisionnés qu'à hauteur de 30 % auprès d'entreprises nationales, soit le taux le plus faible parmi les économies de la région MENA, limitant les débouchés commerciaux et les retombées en matière de connaissances pour les PME (Joumard, Dhaoui et Morgavi, 2018[18]). En outre, les entreprises offshore peuvent vendre une part importante de leurs produits sur le marché national, ce qui crée une concurrence déloyale avec les entreprises onshore. Les autorités ont pris des mesures afin de réduire la dépendance à l'égard du régime offshore, avec pour objectif d'attirer les IDE et d'améliorer leur incidence sur le développement local. La compétitivité du secteur onshore s'est accrue avec la libéralisation de services essentiels. Des progrès supplémentaires dans ce domaine renforceraient l'attrait du régime onshore pour les investissements.

Graphique 1.7. Principales caractéristiques des entreprises étrangères en Tunisie

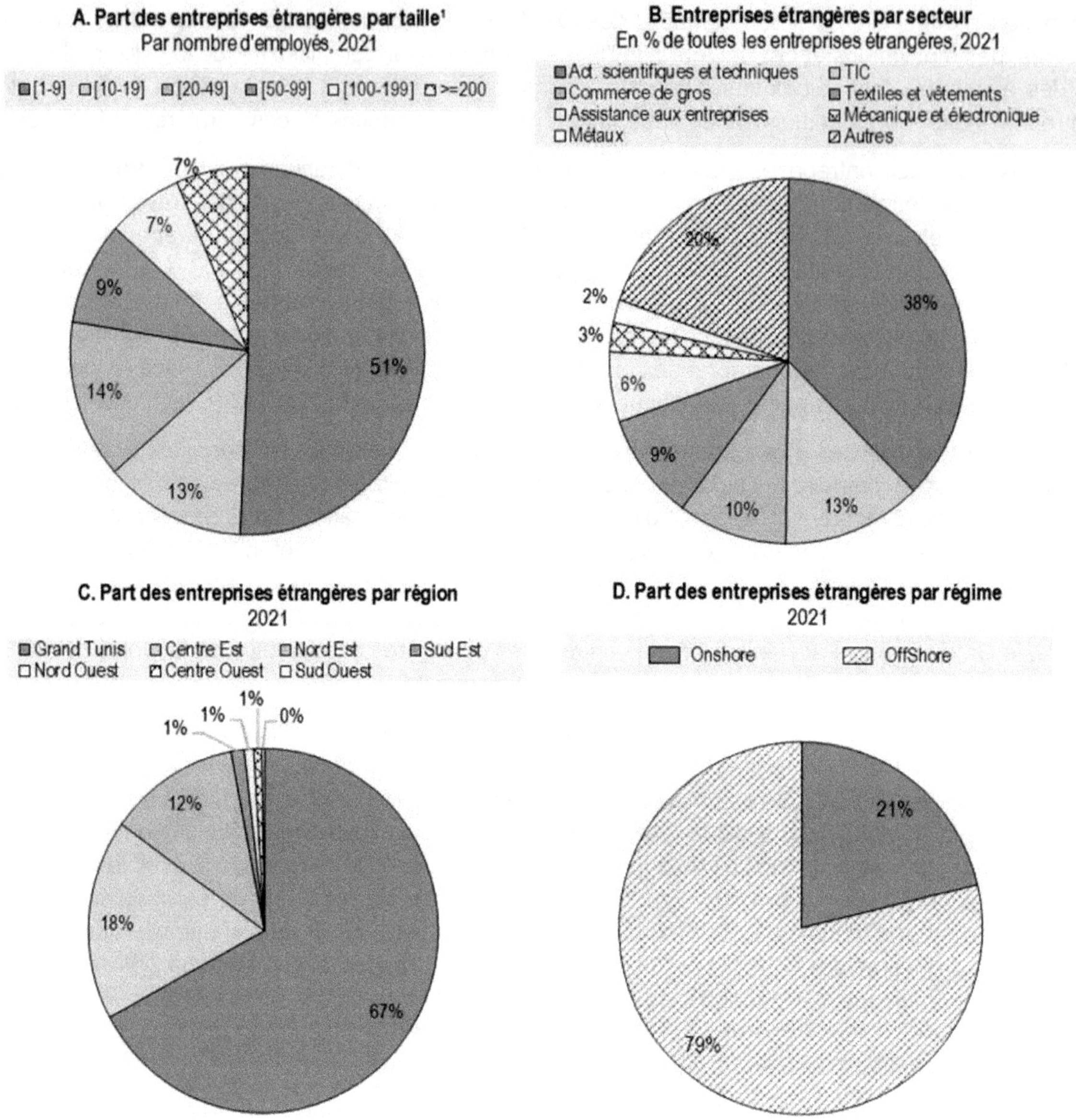

Note : 1. En proportion des entreprises employant au moins un salarié.
Source : OCDE d'après le Répertoire National des Entreprises (INS, 2023[19]).

Encadré 1.2 Évolution historique du régime offshore en Tunisie

Au début des années 1970, la Tunisie a réorienté sa politique de développement économique et a cherché à impliquer des partenaires étrangers dans ses efforts en matière d'investissement. Un régime offshore a été mis en place visant à favoriser les IDE et attirer une production à faible coût s'appuyant sur une main-d'œuvre non qualifiée. Les exportations de ces entreprises offshore ont augmenté sans tarder et le secteur du textile et de l'habillement a rapidement dépassé l'industrie pétrolière. La part des produits pétroliers dans le total des exportations de marchandises, qui s'élevait à 54 % en 1981 a chuté à 16 % en 1988. Les exportations de composants électriques ont également augmenté progressivement.

Avec la promulgation du Code d'Incitations aux Investissements en 1993, qui est venu consolider le régime offshore, les entreprises totalement exportatrices ont pu bénéficier de nombreux avantages financiers et fiscaux, notamment d'une exonération fiscale intégrale sur les bénéfices provenant des exportations au cours des dix premières années. Comme dans d'autres pays tels que la Malaisie, qui ont adopté une double approche similaire du développement, l'économie s'est caractérisée par une croissance rapide des exportations et un secteur intérieur protégé. La production destinée à l'exportation était essentiellement réalisée dans des enclaves et la valeur ajoutée locale consistait essentiellement en une main-d'œuvre peu coûteuse et non qualifiée.

Cette approche convenait peut-être dans les années 1970, compte tenu du niveau d'éducation du pays et des avantages accordés par l'Europe, mais elle a commencé à montrer ses limites dès les années 2000, avec l'émergence d'une nouvelle génération de travailleurs instruits et qualifiés sur le marché du travail. Les entreprises offshore ont créé de nombreux emplois, mais pas suffisamment pour absorber une population active qui a considérablement augmenté et qui comprenait de nombreux diplômés universitaires, nouveaux sur le marché du travail. En outre, l'effet sur les salaires réels a été faible et le système n'a entraîné que peu d'emplois indirects par rapport à d'autres formes d'IDE qui favorisent les relations commerciales avec les PME locales. Enfin, le traitement préférentiel accordé au secteur offshore s'est fait au détriment du secteur « onshore ». (ILO, 2011[20])

Les autorités ont progressivement pris des mesures pour pallier cette dualité. Les entreprises locales et onshore ont bénéficié de réductions de droits de douane sur les composants importés et d'une diminution de l'impôt sur les sociétés. Parallèlement, les entreprises offshore ont été progressivement autorisées à vendre une partie de leur production sur le marché local (50 % depuis 2011). Les taux d'imposition sur le revenu des sociétés des deux régimes ont été harmonisés lors de la loi de finances 2021, même si d'autres avantages fiscaux subsistent (OECD, 2022[4]). Le secteur onshore a vu sa compétitivité renforcée avec la libéralisation de services essentiels tels que les services bancaires et les TIC. D'autres avancées dans ce domaine, en rendant le secteur des services plus ouvert à la concurrence et aux investisseurs étrangers, stimuleraient encore davantage la compétitivité du secteur onshore et contribueraient à éliminer la distinction entre ces deux pans de l'économie, au profit des deux parties.

Source : (OECD, 2012[17])*Examens de l'OCDE des politiques de l'investissement : Tunisie 2012*, Examens de l'OCDE des politiques de l'investissement, Éditions de l'OCDE, Paris, https://doi.org/10.1787/9789264179172-en.

1.2.3. La contribution des IDE à l'emploi est élevée, mais favorise les emplois peu qualifiés

Une main-d'œuvre abondante, jeune et qualifiée a fait de la Tunisie une destination attrayante en matière d'investissements. En 2021, un employé du secteur privé sur cinq travaillait dans une entreprise étrangère : 34 % dans l'industrie manufacturière et 10 % dans les services, dont 95 % dans des entreprises étrangères offshore. Le nombre d'employés des entreprises étrangères a également doublé depuis 2005. Les IDE contribuent fortement à la situation du marché du travail, un apport essentiel pour une économie confrontée à des taux de chômage élevés (16 % en 2023, touchant en particulier les jeunes, les femmes, la main-d'œuvre qualifiée et les travailleurs des régions de l'arrière-pays). Comme dans d'autres pays de la région MENA, le ralentissement du dynamisme des entreprises, conjugué à des déséquilibres en matière de compétences et à des rigidités sur le marché du travail, a limité les possibilités d'emploi adaptées à une main-d'œuvre tunisienne de plus en plus instruite (OCDE, 2022[21] ; ILO, 2023[22]).

La plupart des postes à pourvoir se trouvent dans des professions peu qualifiées, proposés par de grands fabricants étrangers exportant des composants automobiles, du textile et de l'habillement, ainsi que des produits mécaniques et électroniques (Graphique 1.8, panel A). Alors que le secteur du textile et de l'habillement est le principal employeur privé, tant pour les entreprises étrangères que tunisiennes, c'est le secteur de l'équipement automobile qui compte la plus grande part d'entreprises étrangères employant la majorité des travailleurs du secteur (Graphique 1.8, panel B). Un nombre moins important d'emplois ont été créés dans le secteur des services par les entreprises étrangères, mais ceux-ci nécessitent davantage de travailleurs hautement qualifiés, en particulier dans les TIC et les services commerciaux, scientifiques et techniques. Au sein de ces secteurs, les entreprises étrangères représentaient de 24 % à 44 % de l'emploi. La capitale concentre la majorité des demandes pour ces emplois plus qualifiés. Bien qu'attirant la moitié des IDE, les emplois créés par les entreprises étrangères dans la zone métropolitaine de Tunis (le Grand Tunis) représentaient 28 % de l'ensemble des emplois générés par les IDE, contre 34 % pour la région côtière du Nord-Est, où les projets nécessitent des travailleurs moins qualifiés, mais sont plus intensifs en main-d'œuvre.

L'intensité en matière de création d'emplois générés par les IDE en Tunisie est l'une des plus élevées de la région MENA et est nettement supérieure à la moyenne de l'OCDE. Elle a également augmenté au cours de la dernière décennie, en partie grâce à une réorientation des IDE vers des activités d'assemblage créatrices d'emplois dans le secteur des composants électroniques. Même si la plupart des emplois créés sont concentrés dans des activités manufacturières, la création d'emplois grâce aux IDE greenfield dans les secteurs des services et des énergies renouvelables s'est accrue au cours de la dernière décennie (Encadré 1.3) ; les investisseurs greenfield de l'UE ont créé 66 % des emplois dans le secteur des énergies renouvelables. Les services aux entreprises, la R&D, les ventes et le marketing, qui sont des activités susceptibles de mieux correspondre aux jeunes demandeurs d'emploi instruits, ont contribué à 12 % des nouveaux emplois créés par les IDE greenfield sur la période 2013-23, soit deux fois plus qu'au cours de la période 2003-12. L'ensemble des IDE, qu'il s'agisse d'investissements greenfield ou de fusions et acquisitions en provenance de l'UE, a créé 77 % du nombre total d'emplois générés par les IDE sur la période 2012-2022, grâce à de projets manufacturiers à forte intensité de main-d'œuvre par rapport aux investisseurs du CCG (Graphique 1.9).

Graphique 1.8. Les entreprises étrangères emploient de nombreux travailleurs dans l'industrie manufacturière, les TIC et les services aux entreprises

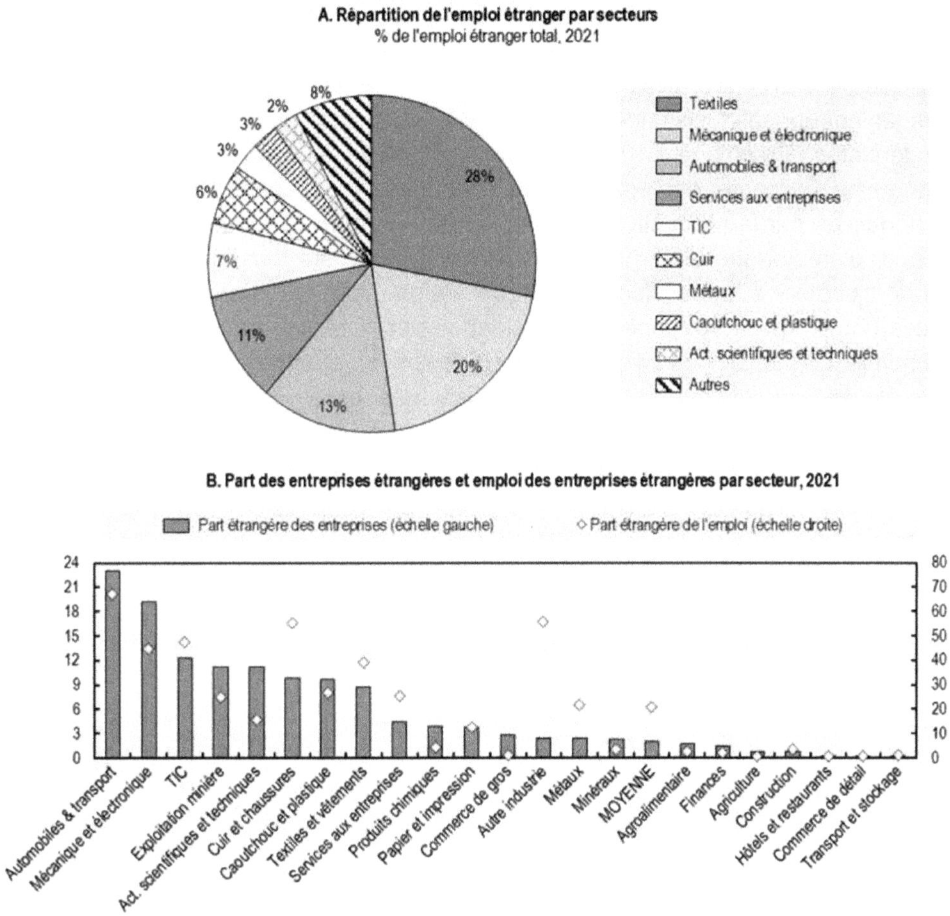

Source : OCDE d'après le Répertoire National des Entreprises (INS, 2023[19]).

Graphique 1.9. Les investisseurs de l'UE ont représenté 77 % du nombre total d'emplois créés par les IDE entre 2013 et 2022

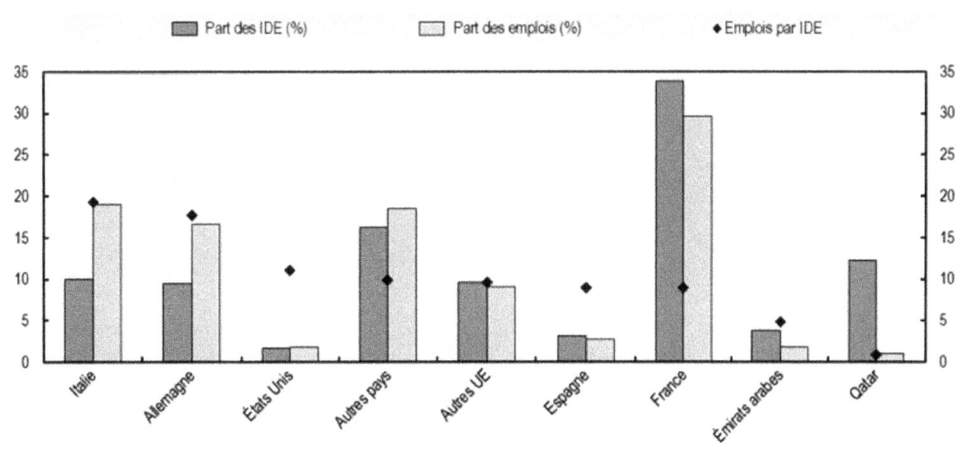

Source : OCDE d'après la FIPA (*Rapports annuels des IDE*), (FIPA, 2023[13]).

Les entreprises étrangères en Tunisie opèrent sur un marché du travail caractérisé par d'importants déséquilibres en matière de compétences. Il existe un décalage entre la demande et l'offre de compétences, résultant en partie d'un nombre élevé de diplômés, dont de nombreuses femmes, et de peu de créations d'emplois pour les personnes hautement qualifiées. Les entreprises étrangères ont peu d'incidence sur l'atténuation de ce déséquilibre, leur demande de main-d'œuvre étant axée sur les travailleurs peu qualifiés. En outre, elles sont confrontées à de graves inadéquations de compétences, plus encore que les entreprises tunisiennes, car les travailleurs recrutés ne possèdent pas forcément les compétences adéquates (Graphique 1.10, panel A). Ces derniers sont susceptibles d'être des Tunisiens très instruits contraints d'accepter des emplois ne correspondant pas à leurs qualifications, ce qui a des répercussions négatives sur la productivité. Toutefois, les entreprises étrangères offrent davantage de formation en cours d'emploi que les entreprises tunisiennes, ce qui témoigne du besoin constant des multinationales de s'adapter à la pression concurrentielle internationale, par le biais de la mise à niveau des compétences (Graphique 1.10, panel B). L'incidence des IDE sur les résultats en matière d'égalité des genres est mitigé. La plupart des travailleurs des entreprises étrangères sont des femmes, dans des proportions plus élevées que dans les entreprises tunisiennes, mais ces femmes occupent souvent des emplois mal rémunérés dans le textile ou dans le secteur du tourisme (Graphique 1.10, panel C).

Graphique 1.10. La contribution des entreprises étrangères au développement des compétences et à l'égalité des genres en Tunisie

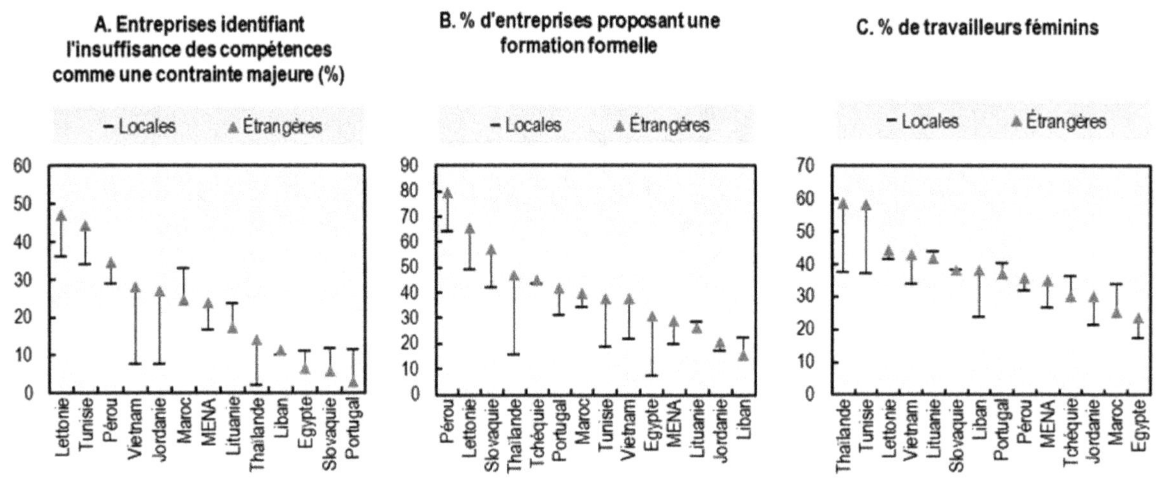

Source : calculs de l'OCDE d'après les enquêtes auprès des entreprises de la Banque mondiale (Tunisie : 2020) (World Bank, 2024[23]).

Encadré 1.3 Les investissements étrangers dans le secteur des énergies renouvelables en Tunisie sont en mesure de soutenir une transition verte juste

La Tunisie dispose d'abondantes ressources solaires, éoliennes et de biomasse. Le gouvernement a rehaussé son objectif en matière d'énergies renouvelables de 30 % à 35 % d'ici 2030, par rapport au scénario tendanciel de 2022. Il s'est également engagé à réduire son intensité carbone (émissions par rapport au produit intérieur brut) de 45 % d'ici 2030, par rapport à son niveau de 2010. Aucune stratégie en matière d'hydrogène n'existe pour le moment, mais le gouvernement s'efforce de mettre en place un nouveau cadre juridique pour promouvoir la production et l'utilisation d'hydrogène vert et de ses dérivés sur le marché local. De nombreux fournisseurs d'équipements solaires opèrent sur le marché solaire tunisien. La plupart de ces entités ne peuvent fabriquer et distribuer que des équipements destinés à des projets solaires de petite et moyenne envergure. En ce qui concerne les projets solaires à grande échelle, l'équipement tend à être importé (OECD, forthcoming[9]).

Les investissements étrangers peuvent jouer un rôle fondamental dans le soutien d'une transition verte juste en Tunisie. Au niveau mondial, la part des énergies renouvelables dans le total des IDE liés à l'énergie a augmenté rapidement, atteignant 84 % en 2021. La réorientation des IDE dans le secteur de l'énergie, des combustibles fossiles vers les énergies renouvelables, a des conséquences sur la création d'emplois. Les estimations montrent que, depuis 2019, les emplois créés par les IDE dans les énergies renouvelables ont même dépassé ceux créés par les investissements dans les combustibles fossiles. En Tunisie, les IDE greenfield dans les énergies renouvelables ont fortement augmenté entre 2003 et 2022 (Graphique 1.11). Par ailleurs, les emplois créés par les IDE dans les énergies renouvelables représentent 18 % de l'ensemble des emplois créés par ces derniers dans le secteur de l'énergie entre 2013 et 2022, contre seulement 4 % entre 2003 et 2012. Les investisseurs greenfield de l'UE ont créé 66 % des emplois dans les énergies renouvelables entre 2013 et 22.

Graphique 1.11. Emplois créés grâce aux IDE greenfield dans les énergies renouvelables en Tunisie, 2003-2022

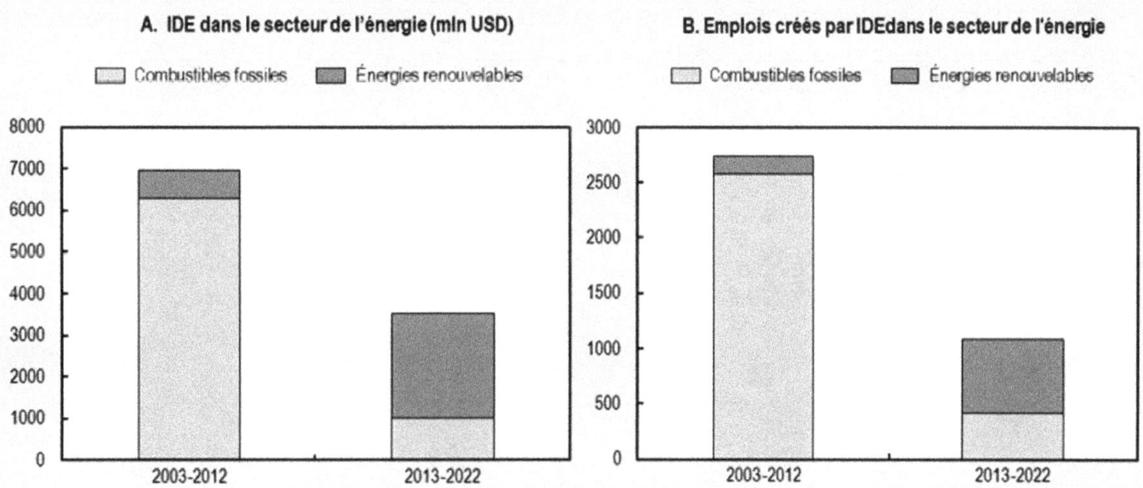

Note : Les IDE greenfield correspondent aux dépenses d'investissement annoncées. Le nombre d'emplois et les dépenses d'investissement sont en partie basés sur des estimations.
Source : calculs de l'OCDE d'après la base de données fDi Markets (Financial Times, 2024[24]), https://www.fdimarkets.com .

En plus de soutenir une transition verte juste, les IDE peuvent contribuer à la diminution de l'empreinte carbone, grâce à la meilleure performance environnementale globale des entreprises étrangères, en particulier en matière de performance énergétique. Les entreprises étrangères en Tunisie obtiennent de meilleurs résultats que les entreprises nationales en matière d'efficacité énergétique, mesurée par la quantité de valeur ajoutée produite par unité d'énergie entrante. En outre, les entreprises étrangères sont également plus susceptibles d'utiliser de l'énergie provenant de leurs propres sources renouvelables, de surveiller les émissions de CO2 tout au long de leur chaîne d'approvisionnement ou de mettre en œuvre des mesures pour réduire les déchets, devenant ainsi des leaders de la transition verte (OECD, 2023[25]).

1.2.4. La contribution des IDE à la productivité et aux salaires est limitée mais varie selon les secteurs

Les investissements étrangers en Tunisie s'orientent progressivement vers des secteurs à plus forte intensité technologique et de compétences, mais pourraient soutenir davantage la croissance de la productivité dans l'ensemble de l'économie et l'amélioration du niveau de vie. Au niveau national, la productivité du travail des entreprises étrangères a diminué de 17 % entre 2010 et 2022 et, en 2022, les entreprises étrangères étaient de 40 % à 50 % moins productives que les entreprises tunisiennes, en fonction de l'inclusion ou non des secteurs dans lesquels le travail informel est élevé (Graphique 1.12, panel A et B). En outre, les salaires qu'elles versent ne sont que légèrement plus élevés. Au niveau sectoriel, cependant, les entreprises étrangères sont plus productives et versent des salaires plus élevés que leurs homologues tunisiennes dans la plupart des secteurs. La productivité est souvent motrice de meilleurs salaires (Graphique 1.12, panel C). L'écart entre les performances des entreprises étrangères au niveau national et sectoriel est dû à quelques secteurs dans lesquels les entreprises étrangères sont très présentes, mais moins productives que leurs homologues tunisiennes. La productivité et les rémunérations des entreprises étrangères, par rapport aux entreprises tunisiennes, étaient plus élevées dans les services que dans l'industrie manufacturière, bien que, en matière de productivité, ces performances se soient altérées au cours des dernières années.

Graphique 1.12. Les entreprises étrangères sont plus productives et versent des salaires plus élevés dans la plupart des secteurs

Les entreprises étrangères sont plus performantes que les entreprises tunisiennes si la valeur est supérieure à zéro

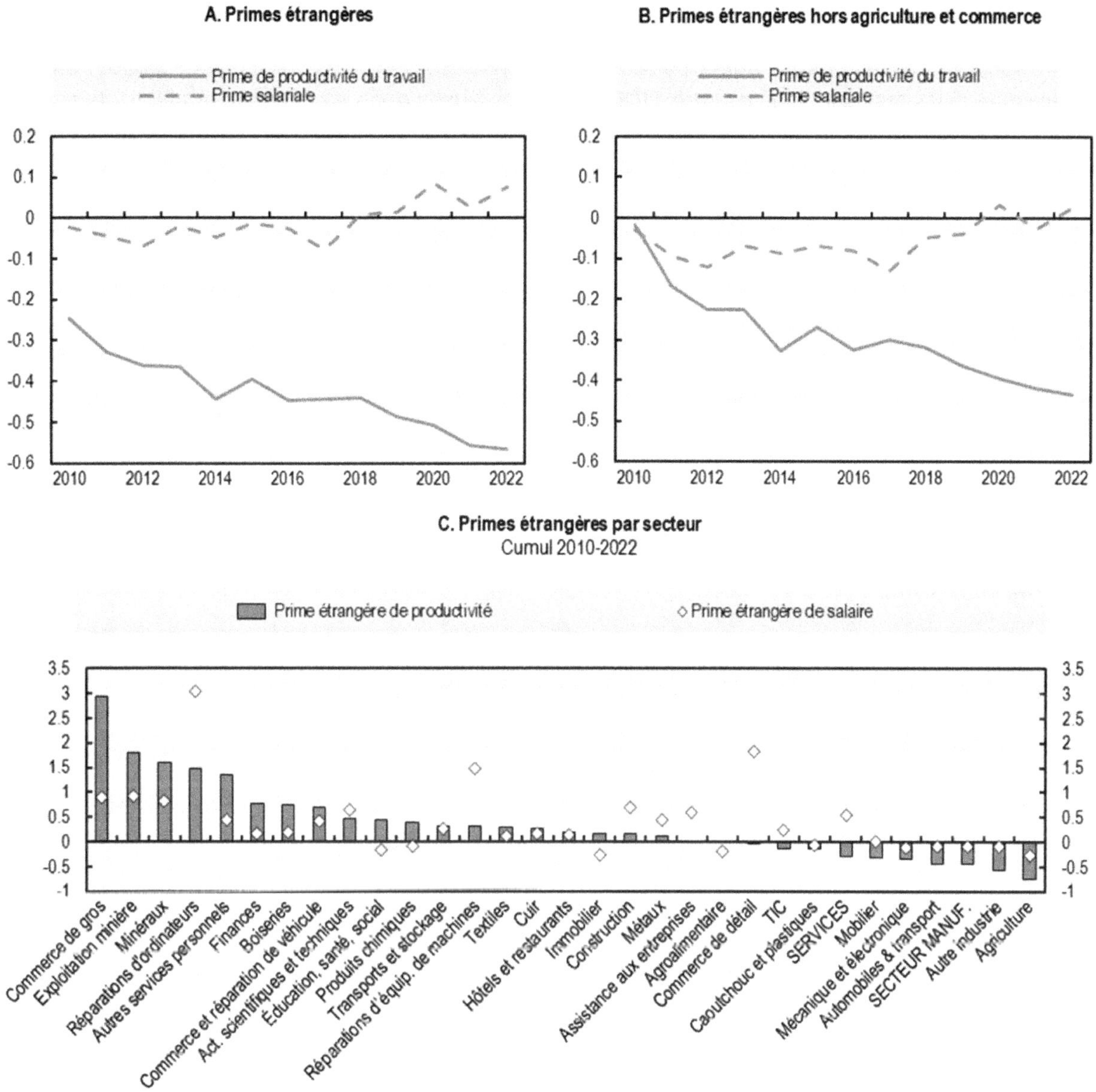

Note : la productivité du travail est mesurée en revenus par employé. Diagramme B : le secteur du commerce comprend le commerce de gros, le commerce la réparation de véhicules et le commerce de détail, au sein desquels les niveaux d'emploi informel sont élevés.
Source : OCDE d'après le Répertoire National des Entreprises (INS, 2023[19]).

Les quelques secteurs dans lesquels les entreprises étrangères sont moins productives que leurs homologues tunisiennes représentent près de la moitié des revenus totaux des entreprises étrangères. Il s'agit principalement d'exportateurs offshore de produits électriques/électroniques et d'équipements automobiles et d'entreprises du secteur des TIC. Les exportateurs offshore étrangers assemblent principalement des composants importés et les réexportent avec une faible valeur ajoutée, ce qui limite les gains de productivité et les retombées en matière de connaissances. Le secteur des TIC a attiré la plus grande quantité d'IDE dans les services au cours de la dernière décennie, après les activités financières, et compte la plus forte proportion d'entreprises étrangères dans les services (Graphique 1.8, panel B). Mais les revenus des entreprises étrangères du secteur des TIC ont fortement chuté en 2019, alors que le nombre d'emplois a augmenté, entraînant une baisse de la productivité. Par ailleurs, elles ont versé des salaires plus élevés que les entreprises tunisiennes. Le secteur du textile est l'un des rares grands secteurs où les entreprises étrangères ont obtenu de meilleurs résultats, ce qui suggère que leurs activités ne se limitent pas à la transformation ou à l'assemblage.

Les mesures incitatives offertes aux exportateurs offshore associées à l'attrait limité du secteur onshore, au sein duquel les restrictions en matière d'IDE sont nombreuses dans les secteurs productifs tels que les services professionnels et aux entreprises, expliquent en partie l'incidence mitigée des IDE sur la productivité et les salaires. D'un point de vue politique, c'est moins la propriété étrangère des multinationales en Tunisie qui est à l'origine de leur faible performance que le fait qu'elles opèrent dans le régime offshore. L'écart entre les primes de productivité étrangères au niveau national et sectoriel étaye les résultats relatifs aux entreprises offshore, qui indiquent que les primes de productivité existent au niveau sectoriel, mais pas au niveau national (Dhaoui, 2019[26]). D'autres résultats révèlent que les entreprises offshore qui sont impliquées à la fois dans l'exportation et l'importation sont moins performantes que leurs homologues onshore, car elles se livrent généralement à des activités de transformation et d'assemblage pur (Baghdadi, Kheder et Arouri, 2019[27]). En dernier lieu, compte tenu de la contribution nettement plus faible des entreprises étrangères aux revenus totaux comparativement à l'emploi (11 % contre 20 %), il est probable que les exportateurs déclarent en partie des revenus ou des bénéfices réalisés en vendant leurs biens ou leurs services sur les marchés étrangers.

1.2.5. Les IDE soutiennent l'objectif de la Tunisie de devenir une économie fondée sur les connaissances

En plus d'accompagner l'amélioration de la productivité dans de nombreux secteurs de l'économie, les IDE en Tunisie soutiennent également l'innovation. Malgré de faibles niveaux d'investissement en R&D, la diffusion de la technologie par les entreprises étrangères contribue à l'amélioration des résultats en matière d'innovation. Les entreprises étrangères sont plus fortement axées sur la R&D que leurs homologues tunisiennes. En 2021, 20 % des entreprises étrangères ont investi dans la R&D contre 6 % des entreprises tunisiennes. Les entreprises étrangères sont également plus susceptibles de lancer une innovation relative à un produit ou à un procédé, mais tendent à être moins innovantes que dans d'autres pays comparables, en partie en raison de leur spécialisation dans des activités à moindre intensité de capital. La part des IDE greenfield consacrée à la R&D est plus faible que dans les économies comparables telles que le Portugal, le Costa Rica ou la Lituanie. Peu d'IDE sont directement destinés aux activités de R&D, sauf dans les secteurs des TIC et de l'automobile. Ces secteurs peuvent ainsi améliorer leur production et exporter des biens et services à plus forte valeur ajoutée et, par conséquent, améliorer leur productivité. Les secteurs fortement axés sur la R&D, tels que ceux des produits pharmaceutiques, de la biotechnologie ou des appareils médicaux, n'attirent que peu d'IDE (OECD, forthcoming[28])

1.3. Les réformes peuvent favoriser les IDE qui stimulent la productivité et créent des emplois de qualité : orientations politiques clés pour la Tunisie

Permettre aux IDE de stimuler la productivité et de créer des emplois de qualité en Tunisie repose sur un mélange complexe de mesures politiques qui impliquent à la fois un environnement favorable à l'investissement et des réformes ciblées. Le présent examen n'inclut pas une évaluation approfondie des politiques de la Tunisie, mais il peut constituer un support utile pour formuler des suggestions concrètes en matière de réformes et donner la priorité aux réformes politiques et institutionnelles afin d'optimiser les retombées des IDE sur la productivité et de créer davantage d'emplois. La Recommandation de l'OCDE sur les qualités de l'IDE ainsi que la boîte à outils des politiques et les principes qui s'y rapportent pourraient étayer une telle évaluation (Encadré 1.4).

Sur la base de cette évaluation de l'incidence des IDE sur le développement durable, les orientations politiques sont les suivantes :

- **Améliorer la cohérence des politiques en alignant la politique d'investissement et les objectifs de promotion sur la Vision 2035 de la Tunisie et sur les plans nationaux visant à en faire une économie fondée sur les connaissances, avec le capital humain comme source d'innovation.** Cet objectif implique une approche équilibrée de la création d'emplois dans la politique d'investissement qui continue à cibler les secteurs à forte intensité de main-d'œuvre, y compris en dehors de la région du Grand Tunis, tout en intensifiant les efforts pour attirer les IDE dans l'économie numérique et les services à haute productivité et à salaires élevés, tels que les TIC, les services aux entreprises et les activités scientifiques. Dans l'industrie manufacturière, soutenir l'expansion des activités à plus forte valeur ajoutée des secteurs de l'automobile et de l'électronique peut stimuler la sophistication des exportations, la productivité et les retombées en matière de compétences, et pourrait s'avérer plus rentable que d'attirer de nouveaux investisseurs motivés par les mesures incitatives offertes par le régime offshore.
- **Poursuivre les efforts visant à réduire la dichotomie entre les régimes offshore et onshore,** afin d'étendre les motivations des investisseurs au-delà des investissements à faible valeur ajoutée, à bas salaires et destinés aux exportations en zone franche vers des segments plus productifs de la chaîne de valeur et des secteurs de services onshore qui peuvent correspondre à l'offre importante de demandeurs d'emploi hautement qualifiés. Il s'agit notamment de réduire les différences fiscales et réglementaires entre les deux régimes, au-delà de l'impôt sur les sociétés, et d'intensifier les efforts visant à promouvoir les IDE en dehors du régime offshore, tout en améliorant l'attractivité du régime onshore, notamment en supprimant les obstacles tels que l'obligation pour les investisseurs étrangers de s'associer à des entreprises tunisiennes.
- **Renforcer les réformes en faveur de la concurrence afin de favoriser la productivité au sein de l'ensemble de l'économie et de soutenir un secteur privé plus dynamique qui crée davantage d'emplois de meilleure qualité.** Envisager de réévaluer les restrictions réglementaires à l'investissement étranger, notamment les restrictions horizontales et celles qui concernent les secteurs des services, tels que les services aux entreprises, les TIC et les transports, et, le cas échéant, les rationaliser ou les supprimer. Les restrictions dans le secteur des services peuvent freiner les gains de productivité dans l'ensemble de l'économie, y compris dans les activités manufacturières qui dépendent de services compétitifs et de qualité. Les investissements étrangers dans les services ont également le potentiel de créer des emplois pour les demandeurs d'emploi tunisiens, qu'ils soient peu ou très qualifiés.
- **Mettre en place des mécanismes de surveillance et d'évaluation solides afin de mesurer l'incidence des IDE sur la productivité, l'innovation et la situation du marché du travail avec efficacité**. Cette action nécessite des données au niveau des entreprises, fondées sur le Répertoire National des Entreprises (RNE), fournissant des informations sur la propriété étrangère, la valeur ajoutée, les exportations, les dépenses en R&D et en formation, l'emploi selon le genre et les coûts de la main-d'œuvre. Pour ce faire, une amélioration de la coordination entre l'INS, la FIPA et l'APII est nécessaire. Envisager d'impliquer la FIPA et d'autres agences concernées dans les exercices d'anticipation et de besoins en compétences afin de concevoir des programmes de perfectionnement des compétences qui ciblent les besoins des entreprises étrangères.

Encadré 1.4 La recommandation de l'OCDE sur les qualités des IDE au service du développement durable

La recommandation sur les qualités des IDE s'articule autour des principes et orientations politiques de haut niveau suivants, issus de la boîte à outils des politiques relatives aux qualités des IDE :

1. ***Gouvernance :*** fournir une orientation stratégique cohérente visant à encourager l'investissement en faveur du développement durable et favoriser la continuité des politiques et leur mise en œuvre efficace.
2. ***Politiques nationales et cadres juridiques :*** prendre des mesures visant à s'assurer que la politique nationale et les cadres juridiques soutiennent les incidences positives de l'investissement sur le développement durable.
3. ***Appui financier et technique :*** accorder la priorité aux objectifs de développement durable lors de l'apport d'un soutien financier et technique pour stimuler l'investissement.
4. ***Services d'information et de facilitation :*** faciliter et promouvoir l'investissement en faveur des perspectives de développement durable en remédiant aux lacunes en matière d'information et aux obstacles administratifs.
5. ***Coopération au développement :*** renforcer le rôle de la coopération au développement dans la mobilisation des IDE et renforcer leur incidence positive dans les pays en développement.

La boîte à outils des politiques relatives aux qualités des IDE est également structurée selon ces principes et orientations politiques et offre des conseils détaillés aux gouvernements sur l'amélioration des incidences des IDE dans quatre domaines des ODD, notamment la productivité et l'innovation, la qualité de l'emploi et les compétences, l'égalité entre les genres et la décarbonation.

La recommandation s'appuie sur d'autres normes élaborées par l'OCDE dans le domaine de l'investissement international, notamment la Déclaration sur l'investissement international et les entreprises multinationales à laquelle la Tunisie a adhéré en 2012.

Références

Baghdadi, L., S. Kheder et H. Arouri (2019), « Assessing the Performance of Offshore Firms in Tunisia », *Journal of Economic Integration*, vol. 34/2, pp. 280-307, https://doi.org/10.11130/jei.2019.34.2.280. [27]

Central Bank of Tunisia (2024), *Périodique de Conjoncture N. 142 - Janvier 2024*, https://www.bct.gov.tn/bct/siteprod/documents/Conjoncture_fr.pdf. [5]

Delahaye, S. et G. Tejada (2018), « Transnational Investments of the Tunisian Diaspora: Trajectories, Skills Accumulation and Constraints », dans *Contributions to Management Science, Diaspora Networks in International Business*, Springer International Publishing, Cham, https://doi.org/10.1007/978-3-319-91095-6_6. [15]

Dhaoui, S. (2019), *Offshore et productivité: Analyse économétrique à partir des données de l'enquête d'entreprises de la Banque Mondiale*, ITCEQ, http://www.itceq.tn/files/notes/offshore-et-productivite-2019.pdf. [26]

Eurostat (2022), *Tunisie: Voisinage du Sud.* [14]

Financial Times (2024), *fDi Markets databse*, https://www.fdimarkets.com. [24]

FIPA (2023), *Rapports annuels des IDE*. [13]

ILO (2023), *Impact des politiques de commerce et d'investissement sur l'emploi productif et décent: Rapport Pays pour la Tunisie du projet « « Intégration de l'Emploi dans le commerce et l'investissement dans le voisinage sud de l'UE »*, Organisation internationale du Travail – Genève : OIT, https://www.ilo.org/fr/publications/impact-des-politiques-de-commerce-et-dinvestissement-sur-lemploi-productif. [22]

ILO (2011), *Tunisia: A New Social Contract for Fair and Equitable Growth*, ILO Publishing, Geneva, https://www.ilo.org/publications/studies-growth-equity-tunisia-new-social-contract-fair-and-equitable-growth. [20]

IMF (2024), *Balance of Payments Database*, https://data.imf.org/?sk=7a51304b-6426-40c0-83dd-ca473ca1fd52. [1]

INS (2023), *Répertoire Nationale des Entreprises (RNE) database*. [19]

Joumard, I., S. Dhaoui et H. Morgavi (2018), « Insertion de la Tunisie dans les chaines de valeur mondiales et role des entreprises offshore », *Documents de travail du Département des Affaires économiques de l'OCDE*, n° 1478, Éditions OCDE, Paris, https://doi.org/10.1787/546dbd75-fr. [18]

OCDE (2022), *Études économiques de l'OCDE : Tunisie 2022*, Éditions OCDE, Paris, https://doi.org/10.1787/69ef3240-fr. [21]

OECD (2024), *Economic Outlook database*. [6]

OECD (2024), *FDI Regulatory Restrictiveness Index*, https://www.oecd.org/investment/fdiindex.htm. [11]

OECD (2023), *FDI Qualities in the Middle East and North Africa: A mapping of policies and institutions that can strengthen sustainable investment*, Background document for the regional seminar on sustainable investment in the MENA region, OECD Istanbul Centre, https://www.oecd.org/mena/eu-oecd-mediterranean-investment/FDI-Qualities-MENA.pdf. [25]

OECD (2023), *OECD Comptition Assessment Reviews: Tunisia 2023*, OECD Competition Assessment Reviews, OECD Publishing, Paris, https://doi.org/10.1787/a80cda01-en. [10]

OECD (2022), *FDI Qualities Policy Toolkit*, OECD Publishing, Paris, https://doi.org/10.1787/7ba74100-en. [3]

OECD (2022), *OECD Economic Surveys: Tunisia 2022*, OECD Publishing, Paris, https://doi.org/10.1787/7f9459cf-en. [4]

OECD (2021), *Middle East and North Africa Investment Policy Perspectives*, OECD Publishing, Paris, https://doi.org/10.1787/6d84ee94-en. [7]

OECD (2020), *Examen par l'OCDE des statistiques d'investissement directs internationaux TUNISIE*, https://www.oecd.org/investment/Examen-par-l%E2%80%99OCDE-des-statistiques-d%E2%80%99investissement-directs-internationaux-Tunisie.pdf. [12]

OECD (2019), *Mapping of Investment Promotion Agencies: Middle East and North Africa - OECD*, OECD, Paris, https://www.oecd.org/investment/investment-policy/mapping-of-investment-promotion-agencies-med.htm (consulté le 27 février 2021). [8]

OECD (2012), *OECD Investment Policy Reviews: Tunisia 2012*, OECD Investment Policy Reviews, OECD Publishing, Paris, https://doi.org/10.1787/9789264179172-en. [17]

OECD (forthcoming), *Promoting investment and business climate reforms in Tunisia's pharmaceutical sector*, EU-OECD Programme on Investment in the Mediterranean. [28]

OECD (forthcoming), *Towards more sustainable investment frameworks: Evaluating the feasibility of Sustainable Investment Facilitation Agreements (SIFA) with Southern Mediterranean countries*, OECD Publishing, Paris. [9]

UNDP (dir. pub.) (2016), *Case Study : Assessing the impact of diaspora investments in Tunisia*, https://www.undp.org/sites/g/files/zskgke326/files/publications/Case_Study_Assessing_the_impact_of_diaspora_investments_in_Tunisia.pdf. [16]

World Bank (2024), *World Bank Development Indicators database*, https://databank.worldbank.org/source/world-development-indicators. [2]

World Bank (2024), *World Bank Enterprise Surveys*, https://www.enterprisesurveys.org/en/data. [23]

2 Impact de l'IDE sur la productivité et l'innovation

Le présent chapitre examine la contribution de l'IDE au commerce, à l'intégration dans les chaînes de valeur mondiales (CVM), à la productivité et à l'innovation. Il analyse les différences de productivité entre les entreprises étrangères et Tunisiennes au niveau national et sectoriel ainsi que l'étendue des liens d'affaires entre les multinationales étrangères et les entreprises tunisiennes, un canal important de retombées de productivité. Il évalue également le rôle des entreprises étrangères dans l'innovation et la capacité locale des entreprises tunisiennes, en particulier des petites et moyennes entreprises (PME), à tirer parti de la diffusion des connaissances et des technologies apportées par l'IDE.

2.1. Résumé

En tant que petite économie de marché, la Tunisie a bénéficié de l'ouverture au commerce et à l'investissement et de l'intégration dans les chaînes de valeur mondiales (CVM). L'économie est diversifiée, avec une contribution importante des services à la valeur ajoutée et un secteur manufacturier à forte intensité de main-d'œuvre. Les exportations manufacturières, en particulier de machines, d'appareils électroniques, de textiles et de vêtements, ont représenté un moteur important de la croissance, mais la plupart des activités économiques sont à faible valeur ajoutée. Par conséquent, la productivité du travail est modeste au regard des normes internationales et a même diminué depuis 2011. La réaffectation de capitaux vers des secteurs plus productifs, notamment les services, ou des segments à plus forte valeur ajoutée des chaînes d'approvisionnement a été limitée par des défis structurels qui entravent l'investissement et le dynamisme des entreprises, tandis que les turbulences mondiales et nationales ont affaibli la confiance des entreprises.

L'investissement privé, en particulier l'investissement direct étranger (IDE), pourrait contribuer davantage à la croissance de la productivité et à l'innovation dans l'ensemble de l'économie tunisienne. Les entreprises étrangères sont plus productives que leurs homologues tunisiennes dans la plupart des secteurs, y compris les produits chimiques, la finance et l'exploitation minière, qui sont tous d'importants bénéficiaires d'IDE. Au niveau national, cependant, les entreprises étrangères étaient 43 % moins productives que les entreprises tunisiennes en 2022. Les quelques secteurs dans lesquels les entreprises étrangères sont moins productives représentaient 45 % des revenus des entreprises étrangères et sont dominés par les fabricants d'équipement automobile et de produits électriques et électroniques opérant dans le régime offshore (le secteur électrique/électronique a attiré la majeure partie de l'IDE au cours de la dernière décennie). Les exportateurs étrangers de ces deux secteurs assemblent pour la plupart des composants importés et les réexportent avec peu de transformation et peu d'interaction avec les fournisseurs tunisiens, ce qui limite les gains de productivité et les retombées de l'IDE en matière de connaissances. Dans l'ensemble, les entreprises étrangères achètent 30 % de leurs intrants sur le marché tunisien, un pourcentage moindre que dans d'autres pays du sud de la Méditerranée.

La productivité des entreprises étrangères par rapport à celle des entreprises tunisiennes est plus élevée dans le secteur des services que dans le secteur manufacturier, mais elle s'est altérée au cours des dernières années. Les entreprises étrangères sont plus productives que les entreprises tunisiennes dans tous les secteurs des services, à l'exception de celui des TIC. Ce dernier a attiré le plus grand nombre d'IDE au sein du secteur des services entre 2013 et 2022, après les activités financières, et compte le nombre le plus élevé d'entreprises étrangères dans ce même secteur (12 % de l'ensemble des entreprises étrangères). Toutefois, les revenus des entreprises étrangères dans le secteur des TIC ont fortement chuté depuis 2019, tandis que l'emploi a augmenté, entraînant une forte baisse de la productivité.

Dans l'ensemble, la productivité du travail des entreprises étrangères en Tunisie a diminué de 17 % entre 2010 et 2022, en raison de la stagnation de leur niveau de productivité dans le secteur manufacturier et du déclin des TIC dans les services. Les politiques en place, notamment les incitations offertes aux exportateurs par le régime offshore et les restrictions à l'investissement étranger dans les services, peuvent avoir influencé les motivations et la composition de l'IDE et son impact mitigé sur la productivité. Des déclarations erronées des revenus par les entreprises, le travail informel et la fiabilité partielle des données existantes peuvent également influer sur ces résultats.

En plus de contribuer à l'amélioration de la productivité dans de nombreux secteurs de l'économie, l'IDE en Tunisie contribue également à faire progresser l'innovation. Malgré de faibles niveaux d'investissement en R&D, la diffusion de la technologie par les entreprises étrangères contribue à améliorer les résultats en matière d'innovation. Les entreprises étrangères investissent davantage dans la R&D que leurs homologues tunisiennes : en 2021, 20 % des entreprises étrangères ont investi dans la R&D contre 6 % des entreprises tunisiennes. Les entreprises étrangères sont également plus susceptibles d'initier une innovation de produit ou de procédé, mais elles ont tendance à être moins innovantes que dans d'autres pays comparables, ce qui s'explique en partie par leur spécialisation dans des activités à moins forte intensité de capitaux. La part d'IDE greenfield dans les activités de R&D est plus faible que dans les économies comparables telles que le Portugal, le Costa Rica ou la Lituanie. Peu d'IDE sont directement destinés aux activités de R&D, sauf dans les secteurs des TIC et de la mécanique et l'électronique, ce qui peut les aider à améliorer leur production et à exporter des biens et services à plus forte valeur ajoutée et, par conséquent, à accroître leur productivité. Les secteurs à plus forte intensité de R&D, tels que ceux de la biotechnologie, des dispositifs médicaux ou des moteurs et turbines, n'attirent que peu d'IDE en Tunisie.

Orientations de politiques publiques

- **Aligner la politique et la promotion de l'investissement sur la Vision Tunisie 2035** et les plans nationaux visant à faire de la Tunisie une économie du savoir, avec le capital humain comme source d'innovation. Cet objectif suppose de poursuivre les efforts de promotion afin d'attirer les IDE dans l'économie numérique et les services à haute productivité tels que les TIC, les services aux entreprises et les activités scientifiques. Dans le secteur manufacturier, accompagner l'expansion des activités à plus forte valeur ajoutée des secteurs de l'automobile et de l'électronique peut stimuler la sophistication des exportations, la productivité et les retombées en matière de connaissances, et pourrait être plus efficace que d'attirer de nouveaux investisseurs motivés par les incitations du régime offshore.
- **Améliorer les efforts visant à promouvoir le réseau de fournisseurs locaux afin de renforcer les liens entre les entreprises étrangères et tunisiennes**, en particulier entre les entreprises étrangères offshore et tunisiennes onshore, afin de réduire la dépendance à l'égard des importations de biens et services intermédiaires. Cet objectif implique de réduire les obstacles administratifs et d'améliorer la coordination entre la politique d'investissement, d'innovation et de développement des PME et les institutions connexes, notamment la FIPA-Tunisia (Agence de Promotion de l'Investissement Extérieur), l'APII (Agence de Promotion de l'Industrie et de l'Innovation) et la TIA (Tunisia Investment Authority).
- **Poursuivre les efforts visant à réduire la dichotomie entre les régimes offshore et onshore** afin d'étendre les motivations des investisseurs au-delà des activités à faible valeur ajoutée et de transformation des exportations, vers des segments plus productifs de la chaîne de valeur. Il s'agit notamment d'atténuer les différences fiscales et réglementaires entre les deux régimes, au-delà de l'impôt sur le revenu des sociétés, et d'intensifier les efforts visant à promouvoir les IDE en dehors du régime offshore tout en améliorant l'attrait du régime onshore, notamment en supprimant les obstacles tels que l'obligation pour les investisseurs étrangers de s'associer à des entreprises tunisiennes.
- **Renforcer les réformes favorables à la concurrence afin de libérer des gains de productivité à l'échelle de l'économie**, conformément à la Stratégie nationale pour l'amélioration du climat des affaires 2023-2025. Envisager de réévaluer les restrictions réglementaires à l'investissement étranger, notamment les restrictions horizontales et celles dans les secteurs des services, tels que les services aux entreprises, les TIC et les transports, et, le cas échéant, les rationaliser ou les supprimer. Les restrictions dans le secteur des services peuvent freiner les gains de productivité dans l'ensemble de l'économie, y compris dans les activités manufacturières qui reposent sur des services compétitifs et de qualité.
- **Mettre en place des mécanismes de suivi et d'évaluation afin d'évaluer efficacement l'impact de l'IDE sur la productivité, l'innovation et l'intégration des CVM**. Cet objectif exige la disponibilité et l'accès à des statistiques au niveau des entreprises, en s'appuyant sur le Répertoire national des entreprises (RNE), afin d'obtenir des informations sur la propriété étrangère, la valeur ajoutée, les exportations et les dépenses en R&D. Pour ce faire, une amélioration de la coordination institutionnelle entre l'INS et la FIPA-Tunisia est nécessaire.

2.2. Tendances et défis en matière de productivité en Tunisie

L'investissement privé en Tunisie et les politiques économiques passées ont contribué au développement d'une économie diversifiée et orientée vers l'exportation, avec des secteurs manufacturiers et de services solides et une activité agricole importante. L'intensité des échanges (la part des exportations et des importations dans le PIB) a atteint 111 % en 2022, soit deux fois plus que la moyenne de l'OCDE. Malgré un rythme soutenu de réformes et une économie diversifiée et bien intégrée au sein du commerce international, l'investissement privé a chuté et la productivité a stagné depuis 2011 (Zribi, Dhaoui et Faydi, 2016[1]). La concurrence et l'investissement privé sont entravés par un certain nombre d'obstacles de longue date tels qu'un environnement réglementaire surprotecteur, des charges bureaucratiques, la corruption et des difficultés d'accès au crédit (ITCEQ, 2023[2] ; OECD, 2022[3]). En outre, les changements successifs au sein du gouvernement depuis 2011 ont entraîné une incertitude qui a affaiblit la confiance des entreprises.

2.2.1. La croissance de la productivité du travail a stagné au cours de la dernière décennie

En 2022, l'investissement représentait 16 % du PIB, bien en deçà des valeurs de comparaison, contre 25 % en 2000. La croissance économique s'est ralentie après 2011 et le PIB réel par travailleur, une mesure de la productivité du travail, représentait environ 40 % de la moyenne de l'OCDE en 2022 (Graphique 2.1, panel A). L'économie continue d'afficher un niveau de productivité du travail comparable ou supérieur à celui d'autres économies émergentes, telles que la Colombie, le Maroc et la Thaïlande. La productivité du travail a augmenté régulièrement, à un taux de croissance moyen de 2,2 % entre 1991 et 2010, mais elle est depuis tombée en dessous de 1 %. La baisse de la croissance de la productivité n'est pas spécifique à la Tunisie, mais le rythme du ralentissement a engendré un système économique plus faible que celui de pays comparables et empêche une croissance forte et inclusive qui renforcerait le capital humain, génèrerait de meilleurs revenus et aiderait la Tunisie à atteindre les ODD (Graphique 2.1, panel B).

Graphique 2.1. Tendances en matière de productivité et comparaison entre les pays

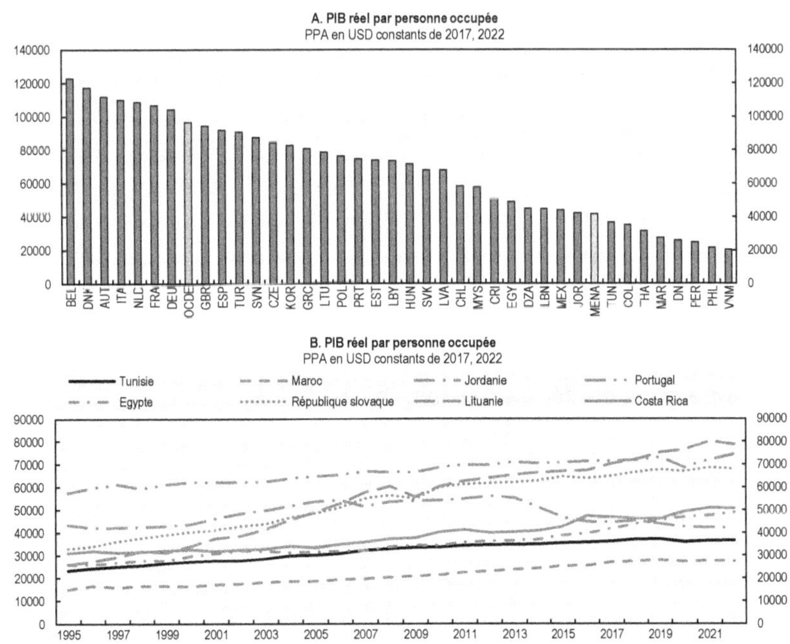

Source : base de données des indicateurs de développement de la Banque mondiale; (World Bank, 2024[4]), https://databank.worldbank.org/source/world-development-indicators.

La stagnation de la productivité du travail en Tunisie est due à une croissance limitée de la productivité au sein des secteurs, mais également à une lente réaffectation des ressources (capital et travail) vers des secteurs plus productifs en raison des obstacles à l'entrée et à la sortie des entreprises, entravant le dynamisme des entreprises et décourageant la création d'emplois de meilleure qualité (Amara, Zidi et Jeddi, 2022[5] ; OECD, 2022[3]). La productivité réelle du travail, mesurée par la valeur ajoutée par travailleur, a stagné, voire diminué, dans tous les secteurs au cours de la dernière décennie. La finance et l'exploitation minière sont les secteurs les plus productifs. Cette donnée était attendue, car il s'agit de deux secteurs à forte intensité de capital, mais la productivité du travail dans le secteur minier a diminué de moitié entre 2011 et 2020, en raison de perturbations dans la production de phosphates, et la croissance a été quasiment nulle dans le secteur financier (Graphique 2.2).

Graphique 2.2. Évolution de la productivité du travail en Tunisie

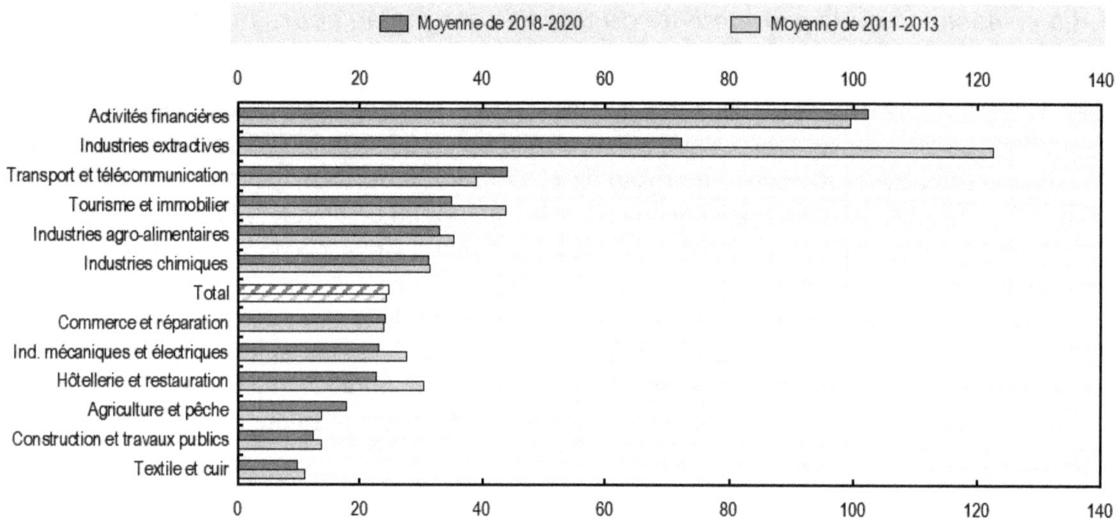

Note : la productivité du travail est mesurée en valeur ajoutée par travailleur.
Source : calculs de l'OCDE d'après l'INS ; (INS, 2023[6]), https://ins.tn/statistiques/75.

La productivité du travail dans le secteur manufacturier correspond à environ 60 % de celle des services, ce qui reflète la spécialisation dans le secteur manufacturier à faible valeur ajoutée. La productivité dans d'importants secteurs manufacturiers, tels que le textile et le cuir, ainsi que la mécanique et l'électronique, est en baisse depuis 2011. Le secteur du textile et de l'habillement était autrefois la principale industrie d'exportation de la Tunisie, mais il a été confronté à une concurrence internationale croissante ces dernières années, en particulier de la part des pays d'Asie du Sud-Est (Ministère de l'Industrie, des Mines et de l'Énergie, 2022[7]). La productivité du secteur de la mécanique et de l'électronique a diminué au cours de la dernière décennie, chutant en dessous de la moyenne nationale. La réaffectation des ressources vers des secteurs à forte productivité tels que les TIC est limitée.

Les entreprises de grande taille et les plus jeunes sont plus productives en Tunisie (Amara, Zidi et Jeddi, 2022[5]). Toutefois, le dynamisme des entreprises est faible et peu de nouvelles entreprises ont fait leur entrée sur le marché. La plupart d'entre elles sont des micro-entreprises ou des petites entreprises, ce qui limite leur contribution à la croissance globale de la productivité. L'implication significative de l'État dans l'économie entrave également la productivité. De nombreux secteurs sont dominés par de grandes entreprises publiques ou privées qui jouissent d'un pouvoir de monopole et d'une protection du marché restreignant l'entrée de nouvelles entreprises plus jeunes. La part des entreprises publiques dans le chiffre d'affaires des 100 plus grandes entreprises de Tunisie dépasse 50 %, contre une moyenne de 13 % dans les pays de l'OCDE, et leurs ventes représentent près de 10 % du PIB (OECD, 2022[3]).

2.2.2. L'essentiel de l'activité économique est dans des secteurs à faible valeur ajoutée

La prédominance des secteurs à faible valeur ajoutée en Tunisie contribue à une croissance limitée de la productivité du travail. Au sein du secteur manufacturier, la mécanique et l'électronique, l'alimentation et les boissons, ainsi que le textile et le cuir constituent la base de l'industrie tunisienne, représentant 71 % de la valeur ajoutée totale dans le secteur manufacturier en 2022 (Graphique 2.3, panel A). Cette contribution est étroitement liée à la structure des exportations de biens tunisiens, qui ont été un moteur important de la croissance économique : près de la moitié de la production manufacturière est orientée vers l'exportation (Ministère de l'Industrie, des Mines et de l'Énergie, 2022[7]). Le secteur de la mécanique et de l'électronique représentait 42 % des biens exportés en 2022 et est aujourd'hui le principal moteur des exportations tunisiennes, produisant principalement des fils et des câbles électriques pour l'industrie automobile européenne. Les deux autres principaux secteurs manufacturiers, le secteur du textile et du cuir et l'industrie agroalimentaire, ont représenté respectivement 19 % et 12 % de l'ensemble des exportations de biens. De nombreux produits exportés sont simplement assemblés en Tunisie, à partir de pièces intermédiaires importées, limitant ainsi la valeur ajoutée dans ces secteurs (World Bank, 2014[8]). Cependant, au cours des dernières années, les exportations de produits manufacturés de moyenne et haute technologie dans le secteur mécanique et électrique ont augmenté.

Parmi les services, le secteur de la vente au détail et de la réparation, l'administration publique et l'éducation ont été les principaux contributeurs à la valeur ajoutée, suivis par les transports, les services de santé et les services sociaux, et les services financiers (Graphique 2.3, panel B). La part élevée des secteurs du commerce et de la réparation dans la valeur ajoutée totale résulte du grand nombre d'entreprises opérant dans ces secteurs plutôt que de leur potentiel de création de valeur. Ces secteurs représentent 42 % de toutes les entreprises du secteur privé en Tunisie, mais sont dominés par des micro-entreprises dont le potentiel de croissance et d'investissement est limité, ainsi que des niveaux élevés d'emploi informel, autant de facteurs qui entravent la croissance de la productivité (Dhaoui, 2022[9]). Dans son ensemble, la croissance importante des services est due à l'expansion de l'administration publique, et moins au dynamisme des activités tertiaires à forte valeur ajoutée (OECD, 2022[3]).

Graphique 2.3. Structure économique de la Tunisie et des pays comparables

Part de la valeur ajoutée par secteur, 2022 (%)

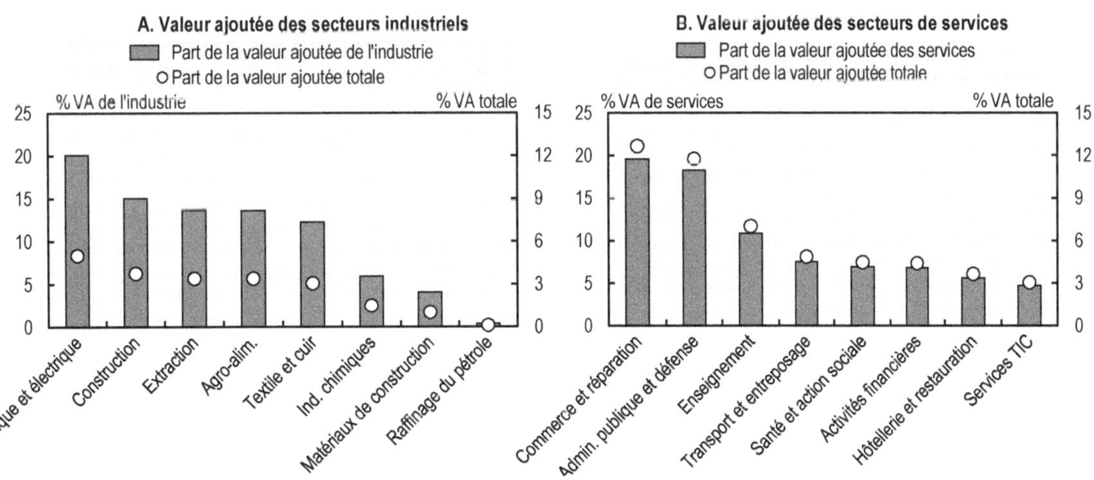

Source : OCDE d'après l'INS ; (INS, 2023[6]), https://ins.tn/statistiques/75.

2.3. La contribution de l'IDE à la productivité du travail

L'investissement étranger peut contribuer à libérer les gains de productivité potentiels en Tunisie et à stimuler la croissance économique. Les entreprises étrangères sont généralement plus efficaces, à plus forte intensité technologique et de compétences que la moyenne des entreprises des pays d'accueil, et contribuent donc directement à la croissance de la productivité. Leurs activités peuvent également stimuler indirectement la productivité des entreprises locales (OECD, 2022[10] ; OECD, 2023[11]). Les entreprises locales qui approvisionnent les nouveaux acteurs étrangers sont en mesure de constater des gains de productivité grâce à un meilleur accès aux connaissances, à la technologie et au financement. D'autres entreprises tirent profit en reproduisant les schémas développés par leurs pairs ou en recrutant des travailleurs ayant acquis de nouvelles compétences grâce à leur collaboration avec des entreprises étrangères. Toutefois, les avantages peuvent ne pas se concrétiser automatiquement, et les politiques et les facteurs institutionnels jouent un rôle important. La réalisation de ce potentiel dépend en grande partie de la création de liens entre les entreprises étrangères et tunisiennes. Le type, les motivations et le secteur de l'investissement, ainsi que la taille, la structure et les avantages technologiques de l'entreprise investisseuse influent sur la mesure dans laquelle la Tunisie bénéficie des retombées de productivité.

2.3.1. L'investissement étranger est important dans les secteurs plus productifs

Une part importante de l'IDE en Tunisie se trouve dans les secteurs les plus productifs, avec une évolution progressive vers des secteurs à plus forte intensité technologique et de compétences (Dhaoui, 2022[9]). Le secteur financier, le plus productif, était classé en deuxième position en matière de flux entrants d'IDE. En outre, un quart de l'IDE sur la période 2013-2022 a profité aux quatre secteurs les plus productifs, à l'exclusion de celui de l'énergie : la finance, le tourisme et l'immobilier, les produits chimiques et l'alimentation et les boissons (Graphique 2.4, panel A). La plus grande part de l'IDE est allée au secteur mécanique et électrique, qui comprend également l'industrie métallurgique. Ce vaste secteur a eu une contribution limitée à la croissance globale de la productivité. Cette situation peut masquer les divergences en matière de productivité au sein des différents sous-secteurs. Certains secteurs relativement productifs, tels que l'alimentation et les boissons, sont soumis à des restrictions plus strictes en matière d'investissement étranger, limitant la contribution de l'IDE dans ces secteurs.

Alors qu'une part importante de l'IDE revient aux industries plus productives, il existe une relation inversement proportionnelle entre la productivité du travail et le nombre de projets d'IDE. Les secteurs les plus productifs ont représenté une part plus faible du total des projets d'IDE au cours de la période 2013-2022 et vice versa. Un nombre important de projets d'IDE est donc regroupé dans des activités à faible valeur ajoutée et à faible productivité du travail. À titre d'exemple, le secteur du textile et du cuir représentait environ 5 % des flux entrants d'IDE, mais près de 20 % de l'ensemble des projets d'IDE (Graphique 2.4, panel B). L'IDE est donc important dans ce secteur, mais comme il est moins intense en capital par nature, il a peu contribué aux niveaux de productivité globale. D'autre part, les secteurs financier, touristique et immobilier représentaient conjointement environ 10 % du total de l'IDE, mais seulement 2 % des projets d'IDE, ce qui confirme la nature hautement capitalistique de l'IDE dans ces secteurs.

Graphique 2.4. La relation entre l'IDE et la productivité du travail dans les différents secteurs

Total pour la période 2013-2022

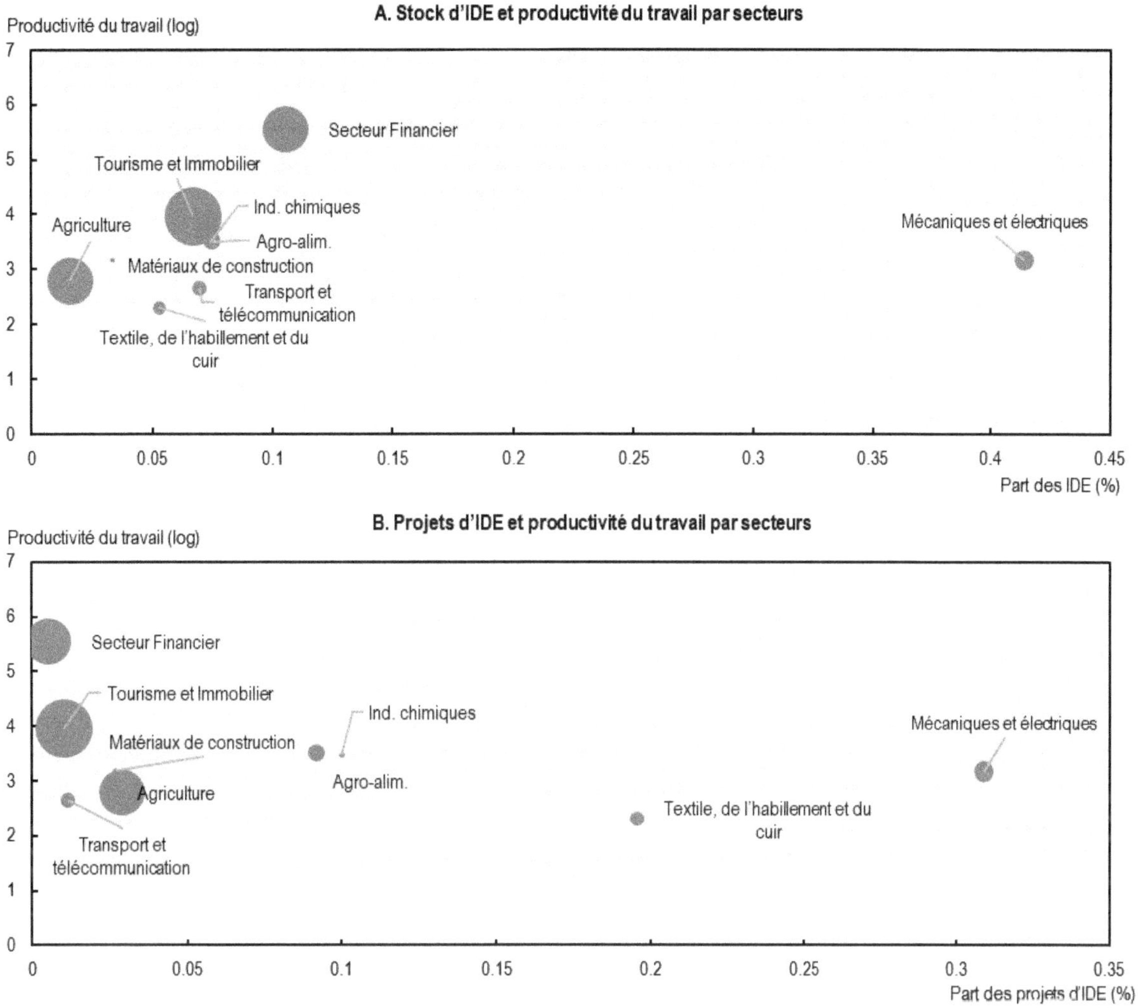

Note: la taille de la bulle représente la part d'un secteur dans la valeur ajoutée totale. La part de l'IDE par secteur exclut le secteur de l'énergie. La période d'analyse est limitée par la disponibilité des données.
Source : calculs de l'OCDE d'après la base de données de la FIPA (FIPA, 2023[12]) et l'INS (INS, 2023[6]).

2.3.2. *Les entreprises étrangères sont plus productives que les entreprises tunisiennes dans la plupart des secteurs, mais pas dans ceux où elles sont largement présentes*

Malgré une part importante d'IDE dans les secteurs productifs de l'économie, il est possible d'accroître la contribution des entreprises étrangères à la productivité du travail par le biais de leurs opérations directes. Le Répertoire national des entreprises tunisien, le *RNE*, indique que les entreprises étrangères étaient 43 % moins productives que les entreprises tunisiennes en 2022, une baisse considérable par rapport à 2010, année au cours de laquelle elles affichaient des niveaux de productivité similaires (Graphique 2.5) fournit plus de détails sur les données et leurs limites). Globalement, entre 2010 et 2022, la productivité du travail des entreprises étrangères a diminué de 17 %, tandis que celle des entreprises tunisiennes a augmenté de 30 %. Le secteur manufacturier, en raison de sa taille plus importante, est en grande partie responsable de la prime négative de productivité du travail des entreprises étrangères.

Encadré 2.1 Répertoire national des entreprises

Présentation du Répertoire

Le Répertoire national des entreprises (RNE), géré par l'Institut National de la Statistique (INS) de Tunisie, fournit une liste exhaustive des entreprises du secteur privé en Tunisie. La base de données repose sur des fichiers recueillis par les autorités fiscales (Direction générale des Impôts, DGI) en ce qui concerne les informations relatives aux entreprises et par la Caisse nationale de sécurité sociale (CNSS) pour les informations relatives à l'emploi. Des statistiques récapitulatives sur les entreprises et l'évolution de l'emploi sont publiées chaque année par l'INS et comprennent des informations ventilées par secteur, taille de l'entreprise, emplacement, régime d'exploitation (offshore/onshore) et propriété (tunisienne/étrangère). Les renseignements sur les exportations, les importations, les revenus et la masse salariale des entreprises ne sont pas disponibles pour toutes les entreprises et ne sont pas publiés dans les rapports annuels.

Échantillon utilisé dans ce rapport

L'INS a fourni à l'OCDE un échantillon de données agrégées qui inclut uniquement les entreprises ayant fourni des informations sur l'emploi, les revenus et la masse salariale, afin d'assurer une couverture cohérente des variables relatives à la productivité du travail et aux salaires (chapitre 3). Malgré un nombre restreint d'entreprises par rapport à la base de données originale du RNE, l'échantillon offre une bonne couverture, représentant au moins 80 % de l'emploi et 70 % des entreprises comptant au moins un employé (voir les détails dans l'annexe A). Le fort taux d'emplois informels dans l'agriculture, la construction et le commerce de détail et de gros peut modifier les mesures globales de la productivité du travail. Dans le secteur agricole, plus de 80 % des travailleurs sont employés de manière informelle, tandis que la part dans les secteurs de la construction et du commerce est d'environ 70 % et 65 % respectivement (INS, 2020[13]). Il est probable que le nombre d'emplois dans ces secteurs soit fortement sous-estimé. Par conséquent, ces secteurs ont été exclus des calculs de la productivité totale du travail et des salaires des entreprises étrangères et tunisiennes.

Réserves concernant l'analyse

- *Biais de sélection* : les données sur le chiffre d'affaires et la masse salariale n'étant pas obligatoires pour les entreprises, un biais de sélection quant aux entreprises incluses dans l'échantillon du RNE est possible.
- *Emploi informel* : en Tunisie, le secteur informel touche l'ensemble de l'économie, avec un pourcentage estimé à 45 % de l'économie totale en 2019. Les données sur l'emploi sont donc susceptibles d'être sous-estimées.
- *Définition d'une entreprise étrangère* : il n'existe pas de définition harmonisée des entreprises étrangères dans le RNE. Une entreprise peut être considérée comme étrangère à partir du moment où une participation étrangère existe dans la propriété de l'entreprise.
- *Utilisation des revenus pour la mesure de la productivité du travail* : l'utilisation des revenus pour mesurer la productivité du travail est moins fiable que l'utilisation de la valeur ajoutée, car les revenus ne tiennent pas compte du coût des intrants utilisés par l'entreprise dans la production. Néanmoins, les revenus ont été couramment utilisés pour calculer la productivité en l'absence de mesures de la valeur ajoutée.

Source : INS, Répertoire national des entreprises.

Graphique 2.5. La productivité totale du travail des entreprises étrangères a été faible et a chuté

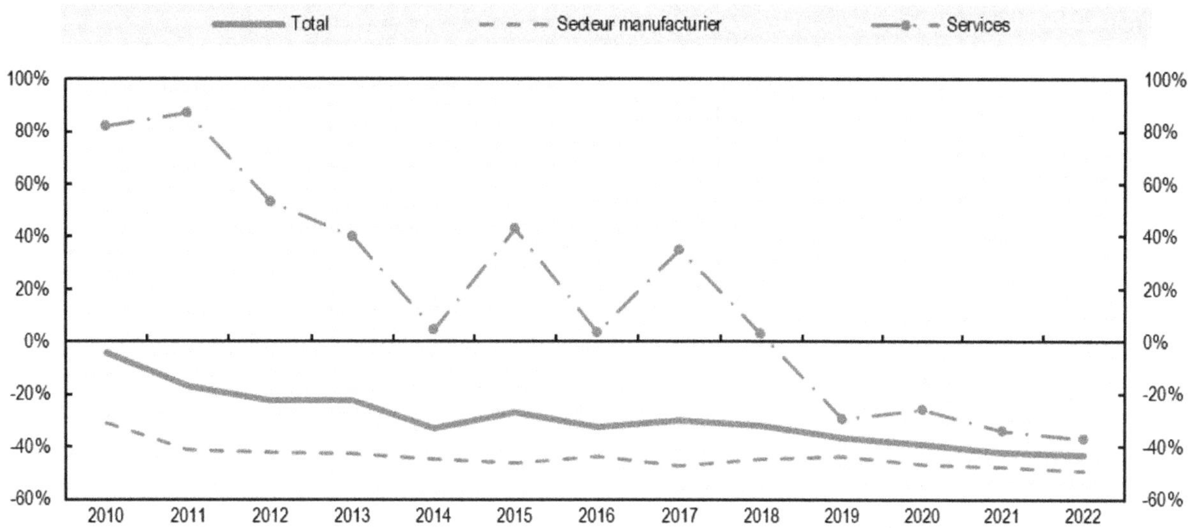

Note : la productivité du travail est mesurée en revenus par employé. Les valeurs réelles ont été obtenues en ajustant l'indice des prix à la consommation. Ce chiffre exclut l'agriculture, la construction et les secteurs commerciaux où l'emploi informel est prédominant.
Source : calculs de l'OCDE d'après le Répertoire national des entreprises (RNE) (INS, 2023[14]).

La stagnation des niveaux de productivité du travail dans le secteur manufacturier, conjuguée à une forte baisse dans les secteurs des services, a contribué à la productivité relativement faible et en détérioration des entreprises étrangères (Graphique 2.6, panel A et B). Les écarts de productivité entre les entreprises étrangères et tunisiennes sont plus élevés dans le secteur manufacturier que dans celui des services. Toutefois, l'écart est resté constant au cours de la dernière décennie dans le secteur manufacturier, alors qu'il a augmenté dans le secteur des services au cours des dernières années. La disparité entre les niveaux de productivité des entreprises étrangères et tunisiennes reflète en partie la nature à forte intensité de main-d'œuvre de l'IDE : les entreprises étrangères représentent une part nettement plus élevée de l'emploi total que des revenus par rapport aux entreprises tunisiennes (Tableau 2.1).

Graphique 2.6. Performance des entreprises étrangères en matière de productivité du travail dans le secteur manufacturier et les services

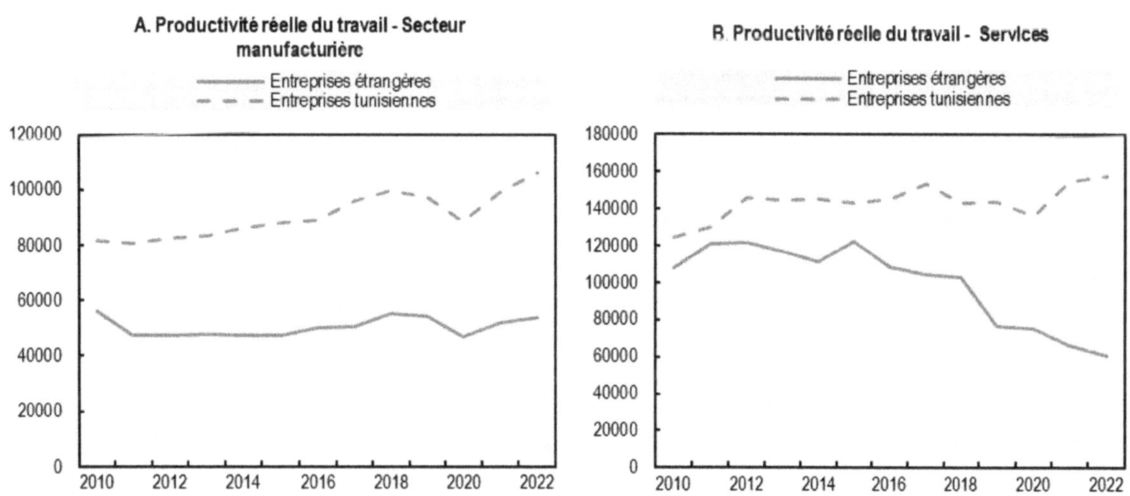

Note: la productivité du travail est mesurée en revenus par employé. Les valeurs réelles ont été obtenues en ajustant l'indice des prix à la consommation.
Source : calculs de l'OCDE d'après le Répertoire national des entreprises (RNE) (INS, 2023[14]).

Tableau 2.1 La part des entreprises étrangères dans l'emploi est plus élevée que dans les revenus

Moyenne 2010-2022

	Part des entreprises étrangères dans les revenus	Part des entreprises étrangères dans l'emploi
Total	12,6	20,2
Secteur manufacturier	20,5	31,6
Services	7,8	9,8

Source : calculs de l'OCDE d'après le Répertoire national des entreprises (RNE) (INS, 2023[14]).

Malgré la prime négative de productivité étrangère au niveau national, les entreprises étrangères sont plus productives que leurs homologues tunisiennes dans la plupart des secteurs, y compris dans des secteurs importants tels que les produits chimiques, la finance, l'exploitation minière, les activités scientifiques et techniques et les textiles (Graphique 2.7). Les quelques secteurs au sein desquels les entreprises étrangères sont moins productives représentent toutefois 45 % des revenus des entreprises étrangères et sont dominés par les fabricants d'équipement d'automobiles et de produits électriques et électroniques, qui, ensemble, représentent près d'un tiers de tous les revenus des entreprises étrangères, ainsi que par les fournisseurs de services TIC (Encadré 2.2). L'écart entre les primes de productivité étrangères au niveau national et sectoriel est similaire aux résultats obtenus pour les entreprises offshore, où les primes de productivité existaient au niveau sectoriel, et non au niveau national (Dhaoui, 2019[15]).

Graphique 2.7. Les entreprises étrangères sont plus productives que leurs homologues tunisiennes dans la plupart des secteurs

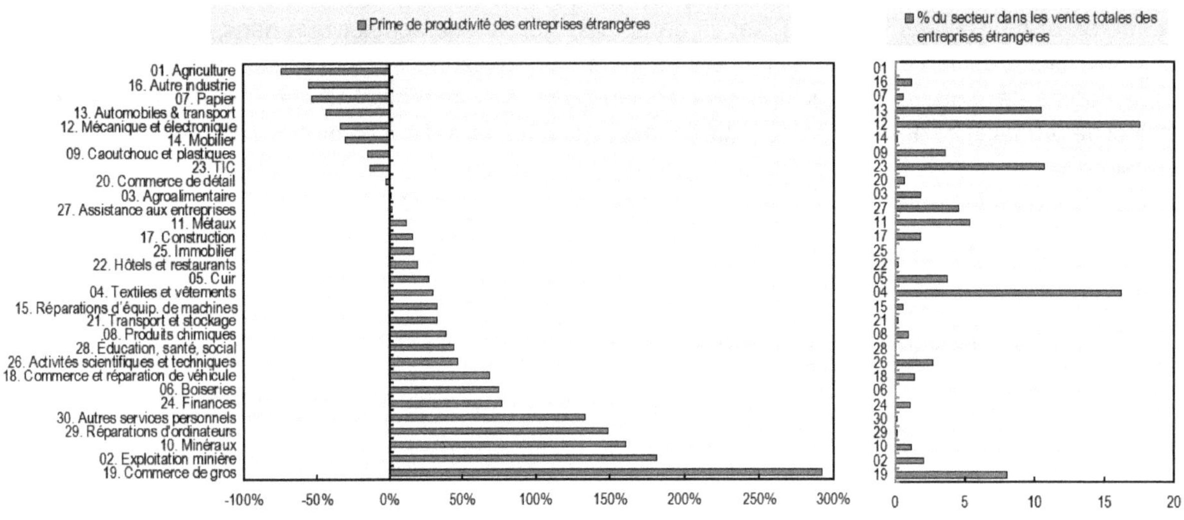

Source : calculs de l'OCDE d'après le Répertoire national des entreprises (RNE) (INS, 2023[14]).

La productivité plus faible des entreprises étrangères dans certains secteurs concorde avec le fait qu'elles se spécialisent dans des activités à faible valeur ajoutée. Ces entreprises opèrent principalement sous le régime offshore et importent une grande partie de leurs intrants, qui sont ensuite assemblés et réexportés (Joumard, Dhaoui et Morgavi, 2018[16]). Alors que des études antérieures ont identifié un lien positif entre le fait d'être une entreprise offshore et la performance de la productivité en Tunisie, l'inverse se produit dans le cas de l'offshoring bidirectionnel, c'est-à-dire lorsque les entreprises exportent et importent en même temps (Baghdadi, Kheder et Arouri, 2019[17]). Au lieu de cela, ces entreprises pourraient être poussées à délocaliser afin de réduire les coûts fixes associés à l'exportation et sont susceptibles de quitter le marché une fois les privilèges supprimés. Des résultats similaires ont également été observés en Chine, par exemple, où les entreprises exportatrices spécialisées dans la transformation et bénéficiant d'une exemption de droits de douane sur les marchandises importées étaient moins productives que les exportateurs et les non-exportateurs non spécialisés dans la transformation (Dai, Maitra et Yu, 2016[18]).

La faible prime de productivité des entreprises étrangères peut également résulter du manque de données. Dans quelques secteurs, les tendances de l'emploi et des revenus ne sont pas cohérentes. Dans le secteur des TIC, principal secteur de services pour les entreprises étrangères en matière de revenus, les revenus totaux ont fortement chuté en 2019, tandis que l'emploi a augmenté, entraînant une forte diminution de la productivité du travail. Il est possible que certaines entreprises sous-déclarent leurs revenus et surestiment leurs salaires. Une étude récente sur la Tunisie a révélé que près d'une entreprise sur dix ne soumet pas de déclaration fiscale malgré les déclarations de travailleurs à l'administration de la sécurité sociale, et que 15 % de celles qui déclarent des impôts communiquent un chiffre d'affaires anormalement faible (Rijkers, Arouri et Baghdadi, 2017[19]). En outre, l'évasion fiscale en Tunisie a été liée à la hausse des coûts de main-d'œuvre des entreprises (chapitre 3) (Baghdadi, Kheder et Arouri, 2019[17]). Il est possible que la sous-estimation du chiffre d'affaires soit plus répandue en l'absence de contrôles financiers et d'audits dans les entreprises. Les audits sont moins fréquents en Tunisie que dans les autres pays, avec 25 % des entreprises déclarant avoir fait examiner leurs états financiers par des auditeurs externes, contre 59 % dans les pays de la région MENA et 46 % dans les pays de l'OCDE (World Bank, 2024[20]).

Encadré 2.2 Évolution de la productivité dans les secteurs clés de l'économie tunisienne

Quatre secteurs, représentant environ la moitié des revenus totaux des entreprises étrangères, ont influencé l'évolution de la productivité du travail des entreprises étrangères entre 2010 et 2022 : i) la fabrication de produits mécaniques, électriques et électroniques, ii) l'automobile et autres matériels de transport, iii) le textile et l'habillement et iv) les services de TIC. À l'exception du textile et de l'habillement, la productivité du travail des entreprises étrangères dans ces secteurs est inférieure à celle de leurs homologues tunisiens (Graphique 2.8).

Graphique 2.8. Évolution de la productivité des entreprises étrangères et tunisiennes dans certains secteurs

Revenus réels par employé, par nationalité de l'entreprise

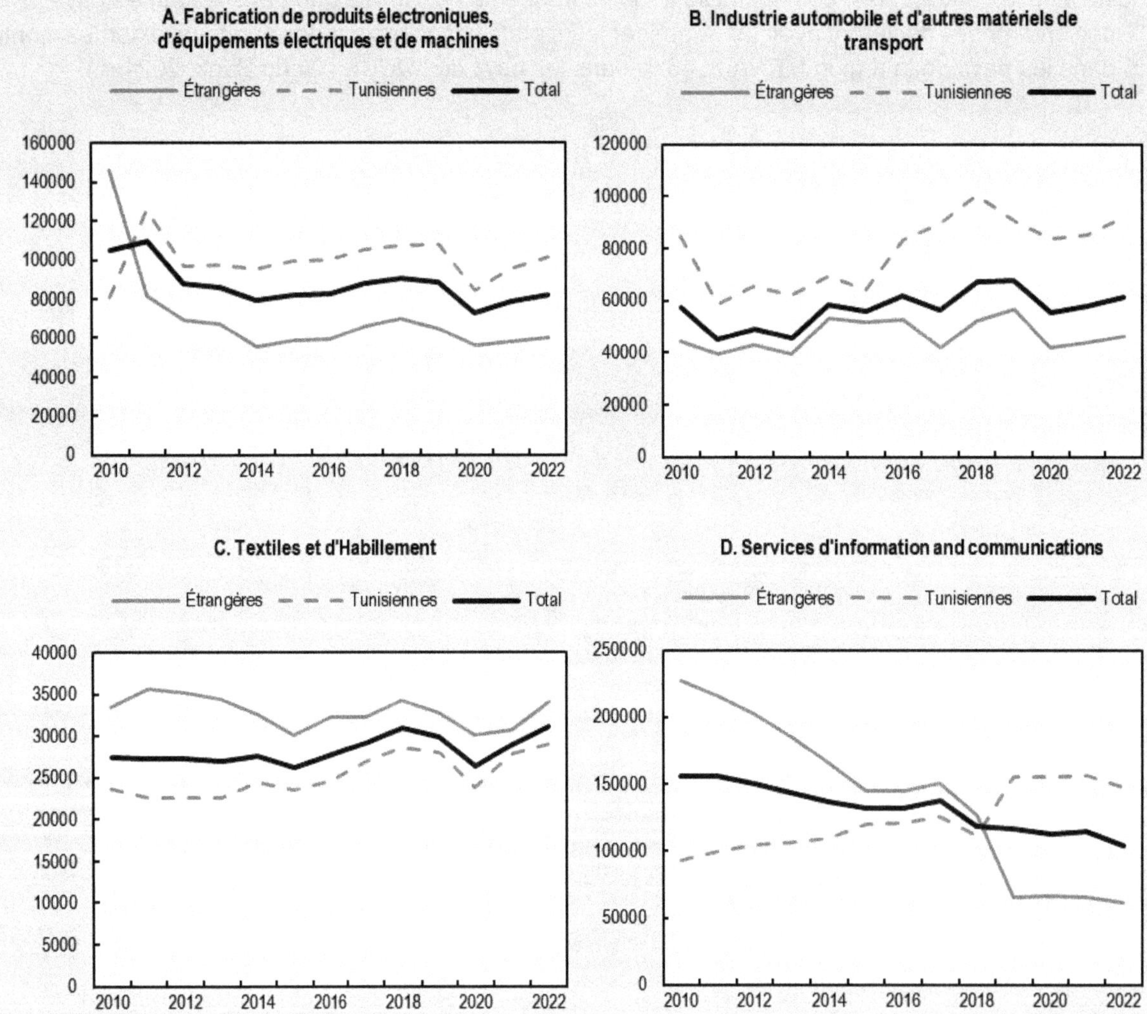

Dans le secteur de la mécanique et de l'électronique, la productivité du travail des entreprises étrangères a diminué de manière significative et était inférieure de 40 % à celle des entreprises tunisiennes en 2022. Dans le secteur automobile, la productivité des entreprises étrangères a légèrement augmenté, mais moins que celle des entreprises tunisiennes. Dans le secteur du textile et de l'habillement, la productivité des entreprises étrangères est plus élevée que celle des entreprises tunisiennes, mais l'écart s'est réduit à la suite des améliorations enregistrées par les entreprises tunisiennes. La productivité totale du travail des entreprises étrangères dans le secteur des TIC a considérablement diminué et, depuis 2018, est devenue inférieure à la productivité des entreprises tunisiennes de ce même secteur. En 2019, les entreprises tunisiennes du secteur des TIC ont enregistré une multiplication par six de leurs revenus alors que l'emploi n'a fait que doubler. Le Graphique d'annexe 2.B.1 montre l'évolution de la productivité du travail des entreprises étrangères et tunisiennes dans d'autres secteurs.

Note : la productivité du travail est mesurée en revenus par employé. Les valeurs réelles ont été obtenues en ajustant l'indice des prix à la consommation.
Source : calculs de l'OCDE d'après le Répertoire national des entreprises (RNE) (INS, 2023[14]).

2.3.3. La contribution de l'IDE à la productivité en Tunisie est plus faible que dans d'autres économies émergentes

Des données comparables au niveau international, basées sur des enquêtes réalisées auprès d'entreprises (Enquête auprès des entreprises de la Banque Mondiale, WBES), apportent un éclairage supplémentaire sur la performance des entreprises étrangères en Tunisie par rapport aux pays comparables. Les IDE contribuent positivement à la croissance de la productivité en Tunisie, mais moins que dans les autres pays de la région MENA. Les données WBES, dont la couverture sectorielle diffère de celle du RNE, indiquent que la productivité du travail des entreprises étrangères était en moyenne 50 % plus élevée que celle des entreprises tunisiennes (Graphique 2.9). Les données issues de l'enquête sont susceptibles d'être moins sensibles à la sous-déclaration que les données officielles de l'administration fiscale, car elles ne sont pas liées à des avantages fiscaux potentiels. En outre, elles mesurent la productivité du travail en matière de valeur ajoutée par travailleur et rendent donc compte de la création de valeur réelle d'une entreprise plutôt que de ce qu'elle vend. La prime moyenne de productivité étrangère reste néanmoins légèrement inférieure à la moyenne des pays de l'OCDE et nettement inférieure à celle d'autres pays de la région MENA tels que le Maroc, la Jordanie et l'Égypte.

Graphique 2.9. Prime de productivité des entreprises étrangères en Tunisie et dans les pays comparables

Les entreprises étrangères sont plus productives si l'indice est supérieur à 0, 2020 ou dernière année disponible

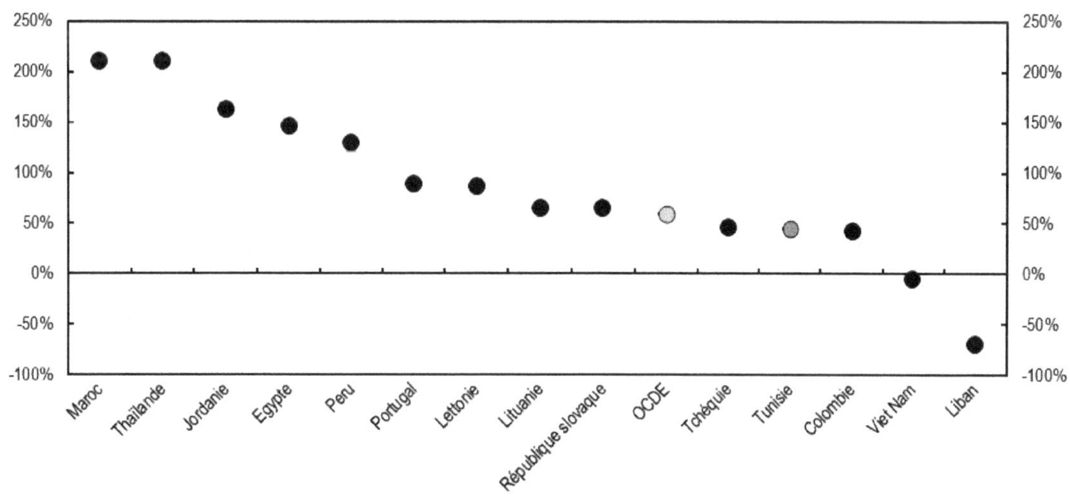

Note : la productivité du travail est définie comme le rapport entre la valeur ajoutée et l'emploi.
Source : calculs de l'OCDE d'après les Enquêtes auprès des entreprises de la Banque mondiale (World Bank, 2024[21]), https://www.enterprisesurveys.org/en/data.

2.4. La contribution de l'IDE à la R&D et à l'innovation

2.4.1. Les investissements en R&D et dans l'innovation peuvent faire l'objet d'améliorations

Les entreprises étrangères sont souvent plus grandes et disposent de plus de ressources pour s'engager dans des activités de R&D. Elles peuvent contribuer positivement à l'économie tunisienne par la diffusion de l'innovation. Les progrès technologiques, qui accroissent l'efficacité de la production ou conduisent à l'innovation des produits, permettent aux entreprises d'acquérir un avantage concurrentiel sur le marché. Une entreprise peut investir dans des activités de R&D, innover ou adopter une technologie déjà existante sur le marché. Plus les entreprises tunisiennes dépensent en R&D et innovent, plus le niveau global de concurrence sur le marché sera élevé. En outre, les développements technologiques au sein de l'ensemble de l'économie sont des moteurs importants de la croissance de la productivité (OECD, 2015[22]).

L'investissement dans les activités de R&D en Tunisie a été faible par rapport à la moyenne de l'OCDE (Graphique 2.10, panel A). Malgré des améliorations depuis le début des années 2000, 0,7 % du PIB a été consacré à la R&D en 2019, soit environ seulement un quart des 2,7 % du PIB dépensés en moyenne dans les pays de l'OCDE. Ce chiffre était supérieur à la moyenne de la région MENA au début des années 2000, mais ces dernières années, ces dépenses ont été au même niveau que la moyenne MENA. En effet, les dépenses en R&D dans d'autres pays MENA ont augmenté au cours des dernières années, tandis qu'elles sont restées au même niveau en Tunisie. Avec une proportion élevée de diplômés en sciences, technologie, ingénierie et mathématiques (STEM) et un secteur électronique en plein essor, la Tunisie dispose d'un fort potentiel pour attirer les IDE afin de soutenir l'innovation basée sur le capital humain. Cependant, les résultats en matière d'innovation sont encore relativement faibles par rapport aux pays pairs. La Tunisie a déposé 15 demandes de brevet par million d'habitants au cours de la période 2017-2020, contre une moyenne de 275 brevets par habitant dans les pays de l'OCDE. La moyenne de l'OCDE est tirée vers le haut par quelques pays très axés sur l'innovation, tels que la Corée du Sud, le Japon et les États-Unis ; toutefois, la Tunisie a également enregistré des résultats nettement inférieurs à ceux de pays comparables de l'OCDE, tels que le Portugal, la Lettonie ou la Slovaquie (Graphique 2.10, panel B). La Tunisie obtient de meilleurs résultats que les pays de la région MENA dans lesquels le nombre de demandes de brevet est plus faible.

Graphique 2.10. Les dépenses en R&D et les demandes de brevets sont faibles

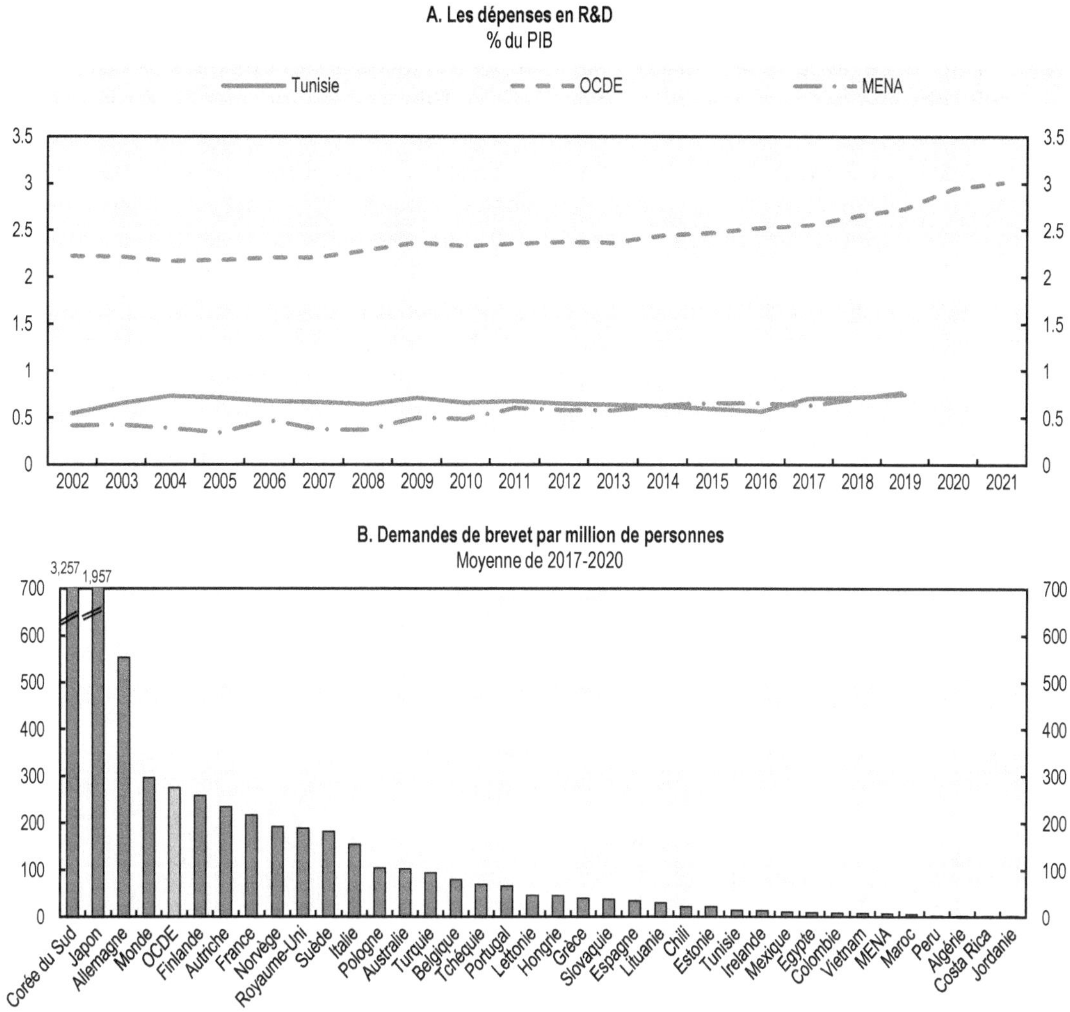

Note : dans le panel B, les données de chaque pays comprennent les demandes de brevet pour lesquelles le premier requérant est un résident du pays. La moyenne MENA inclut la Tunisie. Égypte, Algérie, Maroc et Jordanie.

Source : Indicateurs de développement de la Banque mondiale (World Bank, 2024[23]), https://databank.worldbank.org/source/world-development-indicators.

2.4.2. *Les entreprises étrangères sont plus innovantes que les entreprises tunisiennes*

La présence d'entreprises étrangères en Tunisie peut contribuer à l'investissement global et à l'intensité des activités de recherche au sein du pays. Dans la plupart des pays, les entreprises étrangères sont plus susceptibles d'investir dans la R&D que les entreprises locales (Graphique 2.11, panel A). En effet, elles sont en moyenne plus grandes, disposent d'un meilleur accès au financement et à de la main-d'œuvre qualifiée et sont souvent plus proches de la frontière de la productivité. En Tunisie, la majeure partie de la recherche se déroule dans des institutions académiques publiques avec peu de collaboration et de transferts de savoir-faire au secteur privé (Ministère de l'Industrie, des Mines et de l'Énergie, 2022[7]). Le gouvernement a placé l'innovation au centre de sa stratégie industrielle. Cependant, malgré un certain nombre d'incitations en matière de R&D mises en place par le gouvernement, leur adoption par les entreprises a été relativement limitée. Ainsi, 20 % des entreprises étrangères interrogées en Tunisie ont investi en R&D contre seulement 6 % des entreprises tunisiennes (Graphique 2.11, panel A). Selon les entreprises, l'un des principaux obstacles à l'augmentation de l'investissement dans l'innovation est le manque de ressources financières et les difficultés d'accès au crédit (ITCEQ, 2023[2]).

En raison de l'augmentation des investissements, les entreprises étrangères sont plus susceptibles d'innover en Tunisie. Le niveau d'innovation reste inférieur à celui de nombreux pays de l'OCDE, mais est similaire à celui observé dans les pays de la région MENA. Parmi les entreprises interrogées en Tunisie, 17 % des entreprises étrangères ont lancé un nouveau produit ou service contre 11 % des entreprises tunisiennes (Graphique 2.11, panel B). Des résultats similaires sont observés en ce qui concerne les entreprises qui ont mis en place une innovation de procédé, même si leur nombre est encore relativement faible y compris pour les entreprises étrangères : 10 % d'entre elles ont mis en place une telle innovation, soit deux fois plus qu'au sein des entreprises tunisiennes (Graphique 2.11, panel C). L'innovation est également corrélée à l'ouverture des échanges, car les entreprises qui exportent sont plus susceptibles d'innover que celles qui vendent uniquement sur le marché intérieur, le secteur mécanique et électrique étant le moteur de l'innovation (Ministère de l'Industrie, des Mines et de l'Énergie, 2022[7]).

Graphique 2.11. Résultats en matière d'innovation des entreprises étrangères en Tunisie et dans les pays comparables

2020 ou dernière année disponible

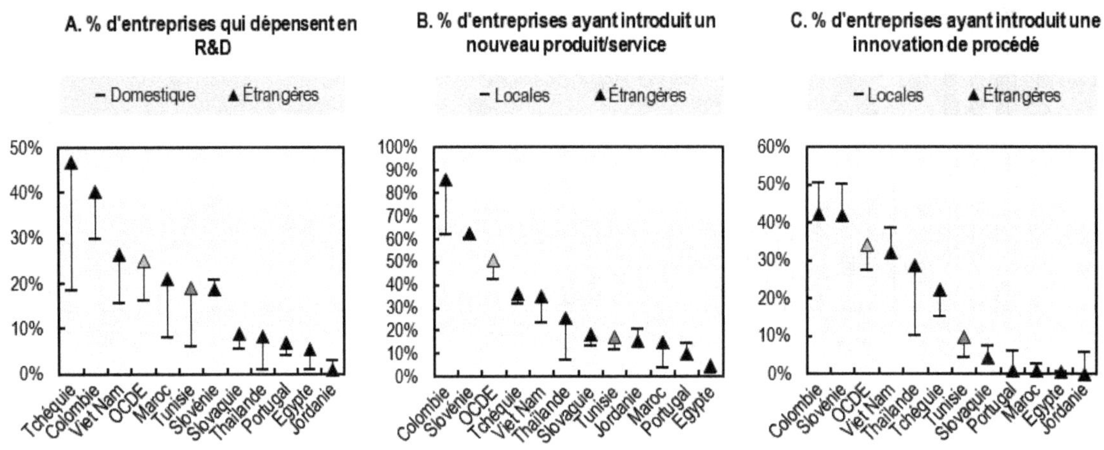

Source : calculs de l'OCDE d'après les Enquêtes auprès des entreprises de la Banque mondiale (World Bank, 2024[21]), https://www.enterprisesurveys.org/en/data.

La raison pour laquelle les résultats en matière d'innovation des entreprises étrangères en Tunisie sont faibles par rapport à d'autres pays est lié au fait que la plupart d'entre elles opèrent dans des industries manufacturières à moindre intensité de capitaux. Néanmoins, comme elles obtiennent en moyenne de meilleurs résultats que les entreprises tunisiennes, il existe un potentiel de diffusion de l'innovation au sein de l'économie locale, à condition que les entreprises tunisiennes aient les capacités d'absorption nécessaires pour s'adapter aux nouvelles technologies ou aux nouveaux procédés. Des efforts supplémentaires pourraient contribuer à attirer davantage d'IDE à forte intensité technologique en Tunisie. Au Chili, le gouvernement a mis en œuvre le Programme de promotion des investissements dans les technologies de pointe afin d'attirer des IDE dans ce domaine susceptibles de diversifier la base productive du Chili et de positionner le pays en tant que plateforme d'exportation de services technologiques en Amérique latine (Encadré 2.3).

Encadré 2.3 Programme de promotion des investissements dans les technologies de pointe au Chili

Au début des années 2000, l'Agence de développement économique chilienne (CORFO) a mis en œuvre le Programme de promotion des investissements dans les technologies de pointe afin d'attirer des investissements dans ce domaine susceptibles de diversifier la base productive et de positionner le pays en tant que plateforme d'exportation de services technologiques dans la région de l'Amérique latine (Agosin, 2009[24]). Le programme prévoyait des incitations financières, associées à une assistance technique et à la fourniture d'informations, pour l'adoption de technologies de pointe, la mise en œuvre de programmes de formation des employés et la réalisation d'études de préfaisabilité ; des campagnes de promotion et des activités ciblées de création d'investissements dans les principaux pôles technologiques du monde entier ; et des initiatives de développement de réseaux pour transférer les meilleures pratiques internationales des marchés américain et européen au Chili.

La conception du programme s'est appuyée sur l'expérience d'autres pays, en particulier l'Irlande et le Costa Rica, dont l'approche en matière de promotion des investissements consiste à cibler des incitations sur des secteurs spécifiques, à mettre l'accent sur le contenu technologique des investissements encouragés et à recourir à des subventions directes plutôt qu'à des exonérations fiscales. Au Chili, la hiérarchisation des secteurs de haute technologie a été effectuée conformément aux objectifs stratégiques définis par le National Innovation Council for Competitiveness (Conseil national de l'innovation pour la compétitivité), un organe interinstitutionnel chargé de coordonner et de conseiller le gouvernement en matière de politique d'innovation, de science et de technologie (Agosin, 2009[24]). L'accent a été placé sur attirer des entreprises susceptibles de contribuer au développement des groupements d'entreprises identifiés par le Conseil comme ayant le plus grand potentiel de croissance économique, tels que les TIC, les biotechnologies et les nouveaux matériaux.

Bien que le budget et les effectifs du programme soient modestes au regard des normes internationales, la CORFO a réussi à tirer parti de l'expertise de divers acteurs gouvernementaux et différentes parties prenantes internationales. Une équipe d'agences gouvernementales a été créée pour faciliter les activités de promotion des investissements, réunissant la Commission nationale pour la science et la technologie, la Fundación Chile, une fondation à but non lucratif qui soutient les nouvelles applications technologiques dans un certain nombre d'industries, et l'API du Chili, le Comité des investissements étrangers (Nelson, 2007[25]). Pour garantir l'alignement du programme sur les priorités de l'industrie, la CORFO a également créé un réseau stratégique transnational composé d'une école de commerce aux États-Unis, d'experts sectoriels associés à des API performantes, de cabinets de conseil basés aux États-Unis et spécialisés dans les services aux entreprises, le développement de logiciels et les TIC, d'associations d'entreprises américaines et d'investisseurs étrangers établis au Chili. Tous ont joué un rôle important dans le développement efficace du programme.

Au cours de la période 2001-2003, 219 entreprises ont bénéficié d'une assistance technique, notamment d'informations et de conseils pour l'évaluation des possibilités et des conditions d'investissement au Chili. Dans l'ensemble, pour chaque dollar américain de soutien financier public accordé aux investisseurs étrangers, le programme a rapporté 10 dollars d'investissements concrets (Agosin, 2009[24]). Grâce à ce programme, en 2007, 60 centres internationaux de services technologiques ont été mis en place dans le pays et des entreprises de premier plan dans les secteurs des TIC, des services aux entreprises et du développement de logiciels s'étaient installées au Chili.

Source : OCDE d'après Agosin (2009[24]) et Nelson (2007[25]).

La prévalence des activités de R&D en Tunisie dépend des secteurs dans lesquels les entreprises opèrent, certains secteurs étant par nature plus intensifs en technologie que d'autres. Elle dépend également de leur position dans les chaînes de valeur, car plus l'entreprise est positionnée haut dans la chaîne de valeur, plus le rôle de l'innovation est important. Seul un petit nombre de secteurs en Tunisie profitent d'IDE greenfield spécifiquement destinés à la R&D, contrairement à un plus grand nombre de secteurs dans les régions comparables (Graphique 2.12, panel A). Cependant, les investissements en R&D sont importants dans le secteur des logiciels et des services informatiques : le montant des IDE en R&D s'est élevé à 55 % de l'ensemble des IDE dans ce secteur sur la période 2003-2022. Dans le même temps, le secteur des logiciels et des services informatiques contribue peu à l'IDE global et la moitié de l'IDE en R&D provient d'un seul projet, ce qui ne permet pas nécessairement de définir une tendance dans le secteur. Dans le secteur automobile, 14 % de l'ensemble des IDE a été consacré à des activités de R&D, et des montants moins importants ont été enregistrés dans les secteurs des communications, des services aux entreprises et du textile. Parallèlement, les secteurs qui sont relativement intensifs en R&D, tels que la biotechnologie, les dispositifs médicaux ou les moteurs et turbines, n'attirent pas beaucoup d'IDE en général en Tunisie.

La part des IDE consacrée aux activités de R&D est plus élevée que dans la plupart des pays de la région MENA, mais elle est inférieure à celle de certains pays de l'OCDE comme le Portugal, le Costa Rica ou la Lituanie (Graphique 2.12, panel B). Il est possible de diversifier davantage les activités au sein des secteurs et d'attirer davantage d'IDE destinés aux activités de R&D dans les secteurs manufacturiers, tels que l'automobile ou les secteurs de la mécanique et de l'électronique. En Slovaquie, où les entreprises étrangères ont tendance à se focaliser sur des activités à faible valeur ajoutée, le gouvernement a mis en place des réformes visant à améliorer la collaboration en matière de R&D et de projets technologiques dans des secteurs clés, dans le but de diversifier l'économie au-delà du secteur manufacturier à faible valeur ajoutée (Encadré 2.3).

Graphique 2.12. IDE greenfield en R&D dans différents secteurs et en comparaison avec d'autres pays

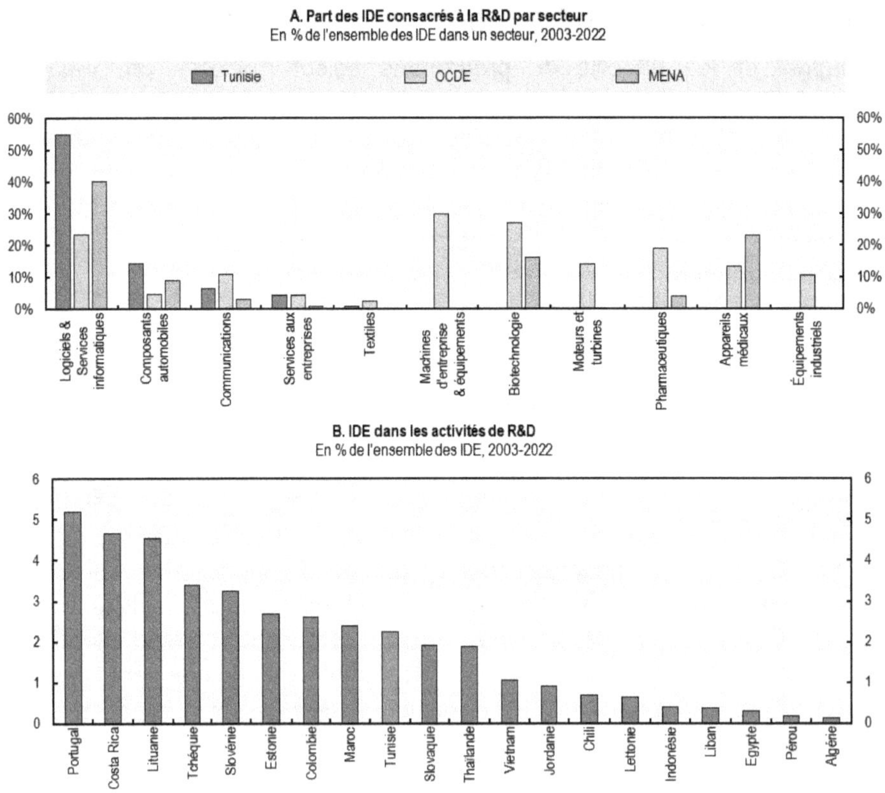

Source : calculs de l'OCDE d'après la base de données fDI Markets du Financial Times (2024[26]), https://www.fdimarkets.com/.

Encadré 2.4 Les politiques d'IDE et de diversification économique mises en œuvre par l'API slovaque

La Slovaquie présente un niveau élevé de spécialisation économique. La plupart de sa valeur ajoutée et de ses emplois sont concentrés dans quelques secteurs, principalement dans l'industrie automobile, et dans un certain nombre de secteurs à faible technologie, tels que le commerce de gros et de détail, les activités immobilières et la construction. Bien que l'industrie automobile représente à elle seule 20 % de la valeur ajoutée manufacturière totale, les filiales étrangères opérant dans ce secteur sont impliquées dans des activités à faible valeur ajoutée (fabrication et assemblage de composants automobiles importés). Leurs investissements ne génèrent donc qu'une faible diffusion des technologies locales, ce qui entrave le potentiel du secteur et de l'économie dans son ensemble à évoluer vers des activités à plus forte intensité de connaissances.

Les récentes réformes menées en Slovaquie ont été axées sur la diversification de l'économie au-delà de l'industrie manufacturière à faible valeur ajoutée et sur le renforcement de son potentiel d'innovation. Le régime d'aides régionales à l'investissement est le principal outil utilisé par le gouvernement slovaque pour soutenir les investissements qui se tournent vers des secteurs à forte intensité de connaissances et de haute technologie, laissant de côté l'industrie manufacturière à faible valeur ajoutée. Ce régime prévoit des aides sous la forme de subventions pour les immobilisations corporelles et incorporelles, d'allégements de l'impôt sur les sociétés, de subventions salariales pour les emplois nouvellement créés et de remises sur la location ou la vente de biens immobiliers. Le champ d'application sectoriel du régime d'aides régionales à l'investissement illustre le choix stratégique du gouvernement d'aider les secteurs à forte intensité d'IDE à progresser dans la chaîne de valeur et à s'engager dans des activités technologiquement sophistiquées avec un contenu local plus important dans leurs produits. Pour bénéficier de l'aide, les projets d'investissement doivent relever de l'une des catégories d'investissement définies, à savoir la production industrielle, les centres technologiques et les centres de services aux entreprises, chacune d'entre elles étant liée à des secteurs prioritaires (par exemple, la chimie, l'électronique, l'automobile, les services aux entreprises, etc.) et aux technologies intelligentes pertinentes de l'industrie (robotique, intelligence artificielle, big data, cloud, etc.).

Au cours des dernières années, les services de facilitation et de suivi des investissements se sont également attachés à encourager les entreprises étrangères et nationales à collaborer à la mise en œuvre de projets de R&D et de technologie. L'API slovaque, SARIO, a mis en place une plateforme de services d'innovation, qui met en relation certains de ses clients étrangers les plus avancés sur le plan technologique avec des entreprises slovaques innovantes pour entreprendre des activités de R&D. Outre les efforts politiques visant à accroître l'intensité des connaissances de l'IDE (voir la section sur l'IDE favorisant la productivité), des initiatives similaires ont récemment été lancées pour aider les PME slovaques à diversifier leurs activités vers des secteurs de pointe. En 2019, SARIO a commencé à fournir des services de diversification aux PME slovaques qui souhaitent étendre leurs activités aux secteurs de l'espace, de l'aviation, de la mobilité intelligente et des technologies médicales. Ce soutien comprend des services de conseil aux entreprises, des séminaires, des événements de mise en relation et des ateliers de collaboration B2B.

Source : OCDE (2022[27]).

2.5. La contribution de l'IDE à l'intégration de la Tunisie dans les chaînes de valeur mondiales

La participation aux CVM permet aux pays de s'intégrer dans le commerce mondial, d'étendre leur présence sur les marchés internationaux, de diversifier leurs exportations et de renforcer la concurrence intérieure, afin de favoriser des retombées positives en matière de croissance de la productivité et d'innovation. En outre, cette participation est susceptible d'accroître l'internationalisation des PME locales, qui sont généralement trop petites pour se développer au-delà des pays voisins, en établissant des liens avec de grandes entreprises étrangères. Le transfert de technologies et de capital humain peut contribuer aux retombées de la productivité sur les entreprises locales, à condition qu'elles aient la capacité d'absorption nécessaire pour bénéficier de ces liens.

2.5.1. La plupart des entreprises étrangères en Tunisie sont des entreprises totalement exportatrices qui n'entretiennent que peu de liens avec le marché intérieur

Après une période de libéralisation des échanges dans les années 1990 et son adhésion à l'Organisation mondiale du commerce en 1994, la Tunisie s'est bien intégrée dans les CVM. Le gouvernement a mis en œuvre un modèle de croissance axé sur les exportations et fondé sur des incitations à l'investissement, ce qui a entraîné une augmentation des flux d'IDE (World Bank, 2014[8]). L'ouverture des échanges a eu des effets généralement positifs sur la croissance économique, a accru la concurrence et a contribué à l'amélioration de la productivité. Le secteur manufacturier a été le principal moteur des exportations, soutenu par le secteur mécanique et électrique ainsi que par le secteur du textile et de l'habillement. Les exportations sont bien diversifiées en matière de produits, mais concentrées géographiquement, avec près de 60 % de toutes les exportations vers la France, l'Allemagne et l'Italie, ce qui rend la Tunisie vulnérable à la situation économique des pays partenaires.

L'intégration de la Tunisie dans les CVM a été en partie stimulée par le régime offshore, c'est-à-dire les entreprises totalement exportatrices qui bénéficient de privilèges spéciaux tels que des exonérations de droits et des privilèges fiscaux ou un accès avantageux aux ports. Les entreprises offshore ne sont pas bien intégrées aux entreprises onshore, limitant les retombées de l'IDE (Joumard, Dhaoui et Morgavi, 2018[16]). En moyenne, 45 % des entreprises du secteur manufacturier dotées d'au moins dix employés sont des entreprises exportatrices (APII, 2024[28]). Ce chiffre atteint 80 % dans le secteur du textile et de l'habillement et environ 70 % dans les secteurs du cuir et de la chaussure et de la fabrication de produits électriques et électroniques. Il existe également un lien étroit entre l'IDE et l'activité d'exportation, étant donné que bon nombre des entreprises offshore sont des entreprises étrangères. Cela est particulièrement vrai pour les grandes entreprises manufacturières étrangères, comptant au moins 10 employés et 100 % de capitaux étrangers, où les entreprises offshore représentent 94 % de toutes les entreprises étrangères Tableau 2.2). Dans les deux secteurs manufacturiers où opèrent la plupart de ces entreprises étrangères, à savoir le secteur du textile et du cuir et le secteur de l'électricité et de l'électronique, respectivement 98 % et 99 % des entreprises sont totalement exportatrices. Dans tous les secteurs manufacturiers, à l'exception du secteur des matériaux de construction, les entreprises offshore représentent au moins 80 % des entreprises étrangères, ce qui limite leur interaction avec le marché intérieur.

Tableau 2.2 Part des entreprises offshore parmi les entreprises manufacturières étrangères

Part et nombre d'entreprises offshore parmi les entreprises étrangères et tunisiennes, par secteur

	ENTREPRISES ÉTRANGÈRES		ENTREPRISES TUNISIENNES	
	Part des entreprises offshore	Nombre d'entreprises	Part des entreprises offshore	Nombre d'entreprises
Industrie agroalimentaire	86 %	22	17 %	872
Industries des matériaux de construction en céramique et en verre	45 %	20	2 %	281
Industries mécaniques et métallurgiques	93 %	122	11 %	391
Industries électriques, électroniques et électroménagers	99 %	155	32 %	118
Industries chimiques	80 %	90	10 %	355
Industries du textile et de l'habillement	98 %	362	71 %	842
Industries du bois, du liège et du meuble	80 %	10	4 %	125
Industrie du cuir et de la chaussure	100 %	58	55 %	101
Autres industries	93 %	40	13 %	188
Total	**94 %**	879	**29 %**	**3 273**

Note: fait référence aux entreprises qui détiennent 100 % de participation étrangère ou 100 % de participation tunisienne. Seules les entreprises comptant au moins 10 employés sont incluses.
Source : Agence de Promotion de l'Industrie et de l'Innovation, (APII, 2024[29]), http://www.tunisieindustrie.nat.tn/fr/tissu.asp.

Les bonnes performances de la Tunisie en matière d'exportation et d'attraction d'IDE l'ont aidée à s'intégrer dans les CVM, principalement grâce à des importations de produits intermédiaires (OECD, 2021[30]). Les deux principaux indicateurs des CVM de l'OCDE, la participation en amont et la participation en aval, indiquent la position d'un pays au sein des chaînes d'approvisionnement mondiales. La participation en amont montre dans quelle mesure la valeur ajoutée générée dans un pays est intégrée dans les exportations d'un autre pays ; celle-ci est généralement élevée dans les pays spécialisés dans les phases de R&D ou de conception de la production (OECD, 2021[30]). Avec une part de 16 %, l'intégration de la Tunisie est inférieure à la moyenne de l'OCDE et à la plupart des pays comparables (Graphique 2.13, panel A) et reflète une contribution relativement faible des exportations tunisiennes dans les CVM. Malgré l'amélioration des niveaux de sophistication des exportations, seulement 7 % des exportations de produits manufacturés sont de type haute technologie, c'est-à-dire avec une forte intensité de R&D, contre 17 % en moyenne dans les pays de l'OCDE (World Bank, 2024[31]). D'autre part, l'intégration de la Tunisie par une participation en aval (35 %) est plus élevée que dans de nombreux pays comparables (Graphique 2.13, panel B). La participation en aval reflète la part de la valeur ajoutée étrangère dans les exportations brutes et suggère que de nombreux intrants intermédiaires pour la production en Tunisie proviennent de l'étranger, sont assemblés, puis réexportés. C'est notamment le cas dans les secteurs de la mécanique, de l'électronique et du textile et du cuir (Joumard, Dhaoui et Morgavi, 2018[16]).

Graphique 2.13. Intégration de la Tunisie dans les CVM en comparaison avec d'autres pays

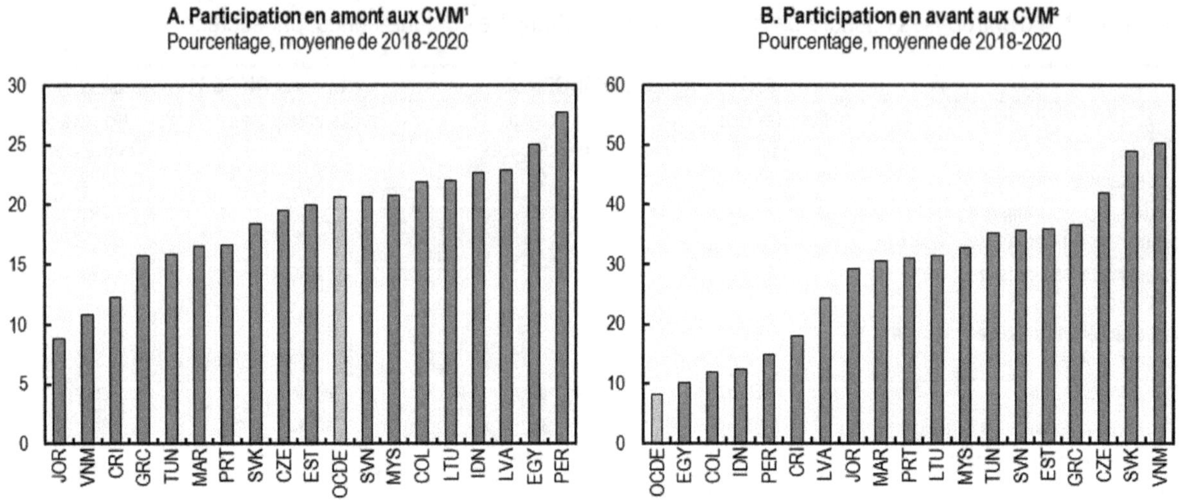

Note: 1. Valeur ajoutée nationale des exportations étrangères en tant que part des exportations brutes. 2. Part de la valeur ajoutée étrangère dans les exportations brutes.
Source : base de données TiVA 2022 de l'OCDE, (OECD, 2022[32]), https://stats.oecd.org/.

2.5.2. Le renforcement des liens IDE-PME peut avoir des retombées positives

La participation aux CVM peut contribuer à favoriser les liens entre les entreprises étrangères et tunisiennes. La présence d'entreprises étrangères encourage généralement la concurrence et incite les entreprises locales à innover, avec des conséquences directes positives sur la productivité. Cependant, les entreprises tunisiennes, principalement des PME ou des micro-entreprises, sont souvent soumises à des contraintes financières et manquent de personnel qualifié. Les ressources adéquates pour innover peuvent donc leur faire défaut. Elles peuvent néanmoins tirer parti des retombées positives de l'IDE en matière de connaissances grâce à la mobilité de la main-d'œuvre entre leurs travailleurs et ceux des entreprises étrangères, aux liens commerciaux noués avec les fournisseurs ou les acheteurs étrangers ou aux transferts de technologie. La création de liens entre les entreprises étrangères et locales offre la possibilité aux entreprises locales de participer aux CVM, les entreprises étrangères étant souvent des multinationales orientées vers l'exportation qui desservent les marchés internationaux. Toutefois, la qualité des produits des entreprises tunisiennes, leurs capacités d'absorption et le secteur dans lequel elles opèrent déterminent la mesure dans laquelle les liens entre les entreprises étrangères et nationales se forment et les retombées positives se produisent. Les entreprises étrangères les plus productives sont plus exigeantes en ce qui concerne la qualité du produit qu'elles achètent et les fournisseurs locaux doivent être en mesure de répondre à ces besoins (OECD, 2023[11]).

Les entreprises étrangères disposent de liens d'approvisionnement limités avec les entreprises tunisiennes, en partie parce qu'une large majorité opère sous le régime offshore, et bénéficie donc d'exonérations fiscales sur les intrants importés tout en étant confrontée à des obstacles administratifs pour s'approvisionner auprès des entreprises onshore. En moyenne, les entreprises étrangères en Tunisie se procurent 30 % de leurs intrants auprès d'entreprises locales, le pourcentage le plus faible parmi les pays de la région MENA (Graphique 2.14). Dans une certaine mesure, il s'agit d'un indicateur de la part importante des entreprises étrangères dans le secteur offshore et des difficultés à établir des liens avec des PME. Les différences de réglementations entre le régime offshore et onshore et les coûts de transaction associés, ainsi que la faible compétitivité des produits fournis par le marché intérieur, encouragent les importations de produits intermédiaires de l'étranger (Joumard, Dhaoui et Morgavi, 2018[16]). En conséquence, 46 % des produits intermédiaires importés en Tunisie sont réexportés.

Les entreprises tunisiennes achètent deux tiers de leurs intrants auprès d'entreprises locales, traduisant une dualité dans les chaînes d'approvisionnement entre les entreprises tunisiennes et étrangères. Les retombées technologiques des entreprises étrangères vers les entreprises locales sont également limitées, 8 % seulement des entreprises tunisiennes utilisant une technologie sous licence d'une entreprise étrangère, contre 23 % des entreprises étrangères (Graphique 2.15). Les liens établis entre les entreprises étrangères et tunisiennes sont encore limités. Une marge de manœuvre existe pour que les entreprises nationales bénéficient davantage de la présence d'entreprises étrangères. La fourniture d'intrants technologiques par les entreprises étrangères aux entreprises locales peut être à l'origine d'une croissance de la productivité importante dans les économies émergentes (Newman et al., 2015[33]). Les décideurs politiques disposent des moyens de s'attaquer aux difficultés que rencontrent les entreprises locales pour accéder à la technologie étrangère et favoriser une meilleure intégration entre entreprises locales et étrangères afin de tirer pleinement parti du potentiel des liens IDE-PME. Voici quelques exemples de politiques favorables : la facilitation des contacts avec les fournisseurs nationaux, l'amélioration de leurs capacités ou un soutien financier, comme cela a été fait dans certains pays européens (voir Encadré 2.5).

Graphique 2.14. Approvisionnement auprès d'entreprises locales

% d'intrants d'origine locale, 2020 ou dernière année disponible

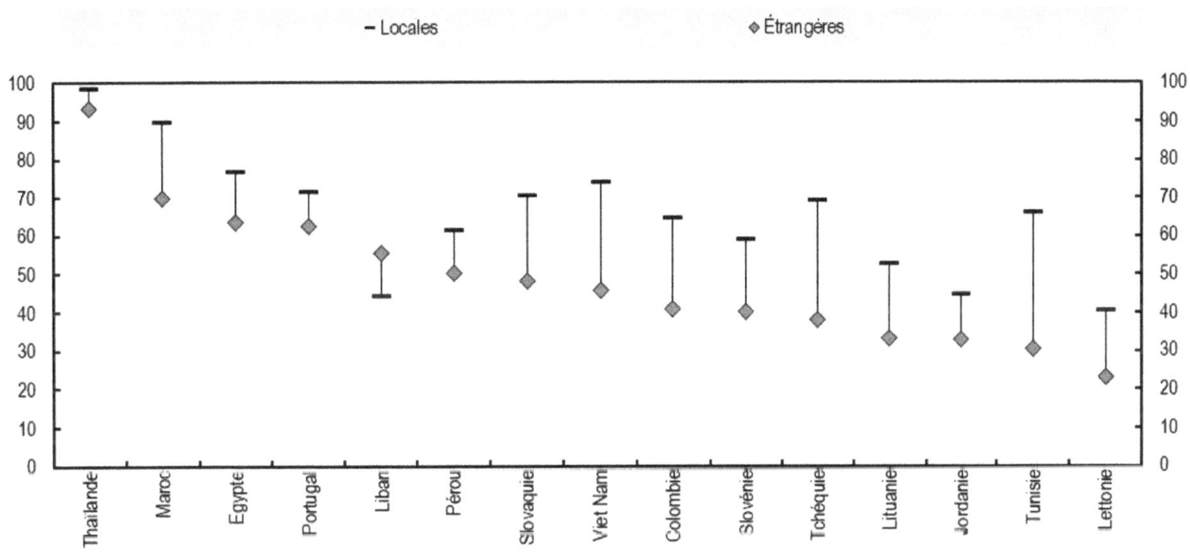

Source : calculs de l'OCDE d'après les Enquêtes auprès des entreprises de la Banque mondiale (World Bank, 2024[21]), https://www.enterprisesurveys.org/en/data.

Graphique 2.15. Acquisition de technologies auprès d'entreprises étrangères

% d'entreprises utilisant une technologie sous licence d'une entreprise étrangère, 2020 ou dernière année disponible

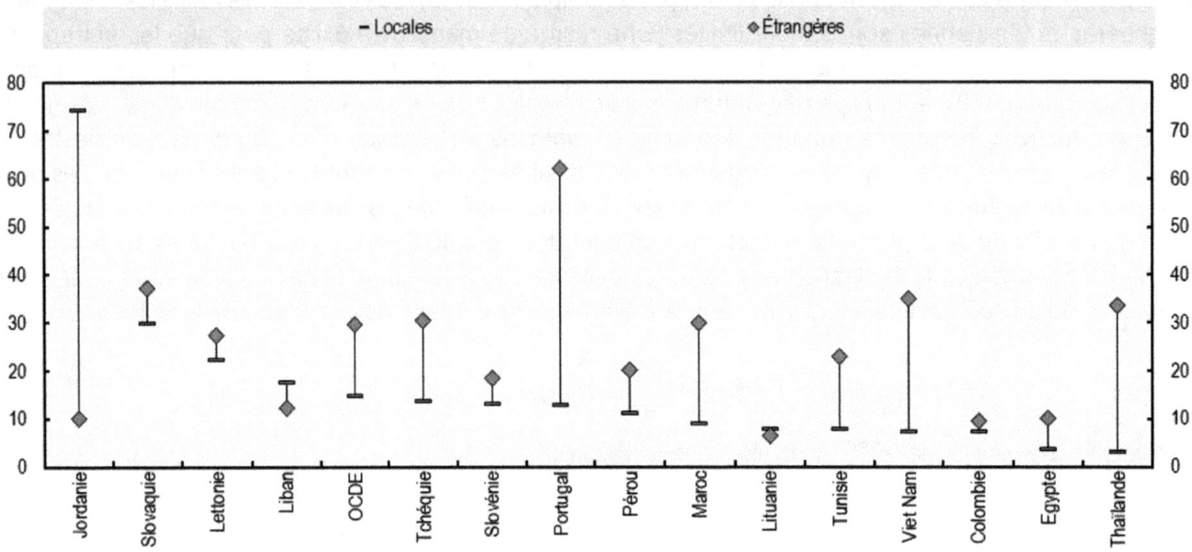

Source : calculs de l'OCDE d'après les Enquêtes auprès des entreprises de la Banque mondiale (World Bank, 2024[21]), https://www.enterprisesurveys.org/en/data.

Encadré 2.5 Favoriser les liens entre les chaînes de valeur et les partenariats stratégiques dans certains pays de l'UE

Services de mise en relation, plateformes en ligne et événements visant à mettre en relation les IDE et les PME

La plupart des API, y compris la FIPA et d'autres agences tunisiennes, proposent des services de mise en relation afin de réduire les obstacles à l'information qui empêchent les investisseurs étrangers d'identifier des fournisseurs ou des clients locaux. En Slovaquie, SARIO soutient plusieurs programmes de mise en relation destinés aux entreprises étrangères et à leurs filiales, notamment les événements phares *Business Link* et *Slovak Matchmaking Fairs*, mis en œuvre sous la houlette du ministère de l'Économie . Les outils et plateformes en ligne sont couramment utilisés dans ce domaine. En Bulgarie, l'agence nationale de promotion des PME, BSMEPA, gère une plateforme en ligne pour faire connaître les demandes des entreprises étrangères à la recherche de partenaires dans l'industrie nationale (par exemple, fournisseurs locaux, exportateurs locaux, partenaires commerciaux potentiels). L'agence hongroise de promotion des investissements (HIPA) gère quant à elle une base de données des entreprises locales afin d'aider les grandes entreprises à identifier les fournisseurs qui répondent à leurs besoins et qui pourraient intégrer leur chaîne de valeur.

De nombreux gouvernements de l'UE organisent ou soutiennent activement la participation des PME nationales à des événements d'échange de connaissances et d'informations, susceptibles d'offrir des possibilités de mise en relation avec des partenaires étrangers. L'agence espagnole Red.es, en collaboration avec ICEX Spain Export and Investment, met en place des stands nationaux lors d'événements internationaux afin de soutenir l'internationalisation des entreprises locales actives dans l'économie numérique. En Bulgarie, la BSMEPA gère un projet spécifique visant à soutenir la participation des PME nationales à des foires commerciales, des salons et des conférences dans le pays et à l'étranger, en vue de renforcer leurs activités d'exportation, de faciliter la prise de contacts directs et la création de liens commerciaux avec des partenaires étrangers, et de favoriser leur intégration sur les marchés européens et internationaux.

Aide à l'amélioration des capacités des fournisseurs nationaux

Les programmes de développement des fournisseurs, tels que le Supplier Club au Portugal (Club des fournisseurs) ou le *Programme de développement de la chaîne d'approvisionnement* de la Slovaquie, et d'autres programmes de conseil aux entreprises et de perfectionnement des compétences visant à aligner les capacités des fournisseurs nationaux sur les exigences des investisseurs étrangers sont des instruments couramment utilisés pour développer les liens entre les chaînes de valeur. Certains programmes ciblent spécifiquement les PME ou les startups. En Suède, le programme *Leap Accelerator* aide les startups technologiques à concevoir des plans de commercialisation sur mesure et à élaborer des stratégies d'internationalisation par le biais de divers services de formation, de conseil et d'apprentissage par les pairs (par exemple, des ateliers collaboratifs en ligne pour des groupes d'entreprises, des séances de coaching individuelles, des analyses de données adaptées aux besoins de l'entreprise).

Soutien financier pour permettre l'intégration des PME dans les CVM ou la R&D collaborative

L'internationalisation des PME par le biais du commerce peut faciliter l'expansion et la modernisation des marchés et contribuer à renforcer la base de fournisseurs nationaux. Le *Dutch Trade and Investment Fund (DTIF, Fonds néerlandais pour le commerce et l'investissement)*, créé par le ministère des Affaires étrangères et administré par Invest International, fournit des prêts, des garanties et des financements à l'exportation aux entreprises locales qui souhaitent importer, exporter ou établir des filiales à l'étranger. En Finlande, les *prêts à l'internationalisation* proposés par Finnverra soutiennent les coûts d'établissement et d'exploitation de filiales de PME à l'étranger.

Un soutien financier est également accordé aux activités de R&D et d'innovation collaboratives impliquant des partenaires étrangers. Bon nombre de ces programmes ciblent spécifiquement les PME ou récompensent leur participation par des taux de subvention ou de prêt plus élevés. Le *programme central allemand d'innovation pour les PME (ZIM)* comprend deux sous-régimes (projets de coopération ZIM et réseaux de coopération ZIM) qui soutiennent par des subventions des projets conjoints de R&D et d'innovation menés par des consortiums de PME et d'instituts de recherche. Depuis 2018, les projets de coopération impliquant des partenaires étrangers sont également admissibles au financement.

Source : (OECD, 2021[34])

Références

Agosin, M. (2009), « Se justifica una política industrial hacia la inversión extranjera? El Programa de Atracción de Inversiones de Alta Tecnología », *Trabajos de Investigación en Políticas Públicas, Universidad de Chile.* [24]

Amara, M., F. Zidi et H. Jeddi (2022), *Structural Change, Productivity and Job Creation: Evidence from Tunisia*, African Economic Research Consortium, http://publication.aercafricalibrary.org/handle/123456789/3431. [5]

APII (2024), *Tissu Industriel Tunisien*, http://www.tunisieindustrie.nat.tn/fr/tissu.asp. [29]

APII (2024), *Tissu Industriel Tunisien*, http://www.tunisieindustrie.nat.tn/fr/tissu.asp. [28]

Baghdadi, L., S. Kheder et H. Arouri (2019), « Assessing the Performance of Offshore Firms in Tunisia », *Source: Journal of Economic Integration*, vol. 34/2, pp. 280-307, https://doi.org/10.2307/26640595. [17]

Dai, M., M. Maitra et M. Yu (2016), « Unexceptional exporter performance in China? The role of processing trade », *Journal of Development Economics*, vol. 121, pp. 177-189, https://doi.org/10.1016/j.jdeveco.2016.03.007. [18]

Dhaoui, S. (2022), *Pour un renouveau de la politique industrielle en Tunisie*, ITCEQ, http://www.itceq.tn/files/investissement-et-croissance/renouveau-de-la-politique-industrielle.pdf. [9]

Dhaoui, S. (2019), « Offshore et productivité : Analyse économétrique à partir des données de l'enquête d'entreprises de la Banque Mondiale ». [15]

Financial Times (2024), *fDi Markets database*, https://www.fdimarkets.com. [26]

FIPA (2023), *Rapports annuels des IDE.* [12]

INS (2023), *Répertoire National des Entreprises (RNE) database.* [14]

INS (2023), *Valeurs ajoutées par secteur d'activité.* [6]

INS (2020), *Indicateurs sur l'emploi informel 2019*, https://ins.tn/publication/indicateurs-sur-lemploi-informel-2019 (consulté le 26 janvier 2024). [13]

ITCEQ (2023), *Résultats de la 22eme enquete et positionnement de la Tunisie dans les rapports internationaux*, http://www.itceq.tn/files/climat-des-affaires-competitivite/2023/rapport-resultats-enquete-2022.pdf. [2]

Joumard, I., S. Dhaoui et H. Morgavi (2018), « Insertion de la Tunisie dans les chaines de valeur mondiales et role des entreprises offshore », *Documents de travail du Département des Affaires économiques de l'OCDE*, n° 1478, Éditions OCDE, Paris, https://doi.org/10.1787/546dbd75-fr. [16]

Ministère de l'Industrie, des Mines et de l'Énergie (2022), *Stratégie Industrielle et d'Innovation 2035*, http://www.tunisieindustrie.gov.tn/si2035/Livrable_7_Rapport_final.pdf. [7]

Nelson, R. (2007), « Transnational Strategic Networks and Policymaking in Chile: CORFO's High Technology Investment Promotion Program », *Latin American Politics and Society*, vol. 49/2, pp. 149-181, https://doi.org/10.1111/j.1548-2456.2007.tb00410.x. [25]

Newman, C. et al. (2015), « Technology transfers, foreign investment and productivity spillovers », *European Economic Review*, vol. 76, pp. 168-187, https://doi.org/10.1016/j.euroecorev.2015.02.005. [33]

OECD (2023), *Policy Toolkit for Strengthening FDI and SME Linkages*, OECD Publishing, Paris, https://doi.org/10.1787/688bde9a-en. [11]

OECD (2022), *FDI Qualities Policy Toolkit*, OECD Publishing, Paris, https://doi.org/10.1787/7ba74100-en. [10]

OECD (2022), *OECD Economic Surveys: Tunisia 2022*, OECD Publishing, Paris, https://doi.org/10.1787/7f9459cf-en. [3]

OECD (2022), *Strengthening FDI and SME Linkages in the Slovak Republic*, OECD Publishing, https://doi.org/10.1787/972046f5-en. [27]

OECD (2022), *Trade in Value Added (TiVA) Database*, https://stats.oecd.org/. [32]

OECD (2021), *EC/OECD Survey of Institutions and Policies enabling FDI-SME Linkages*, http://www.oecd.org/industry/smes/fdi-sme.htm. [34]

OECD (2021), *Middle East and North Africa Investment Policy Perspectives*, OECD Publishing, Paris, https://doi.org/10.1787/6d84ee94-en. [30]

OECD (2015), *The Future of Productivity*, OECD Publishing, Paris, https://doi.org/10.1787/9789264248533-en. [22]

Rijkers, B., H. Arouri et L. Baghdadi (2017), « Are Politically Connected Firms More Likely to Evade Taxes? Evidence from Tunisia », *Supplement: PAPERS AND PROCEEDINGS OF THE ANNUAL BANK CONFERENCE ON DEVELOPMENT ECONOMICS*, vol. 30, pp. 166-175, https://doi.org/10.1093/wber/lhw018. [19]

World Bank (2024), *High-technology exports (indicator)*, https://data.worldbank.org/indicator/TX.VAL.TECH.MF.ZS. [31]

World Bank (2024), *World Bank Development Indicators database*. [4]

World Bank (2024), *World Bank Development Indicators database*, https://databank.worldbank.org/source/world-development-indicators. [23]

World Bank (2024), *World Bank Enterprise Surveys*, https://www.enterprisesurveys.org/en/data. [21]

World Bank (2024), *World Bank Enterprise Surveys*. [20]

World Bank (2014), *The Unfinished Revolution: Bringing Opportunity, Good Jobs And Greater Wealth To All Tunisians*, World Bank Group, Washington D.C., https://documents.worldbank.org/en/publication/documents-reports/documentdetail/658461468312323813/the-unfinished-revolution-bringing-opportunity-good-jobs-and-greater-wealth-to-all-tunisians. [8]

Zribi, Y., S. Dhaoui et N. Faydi (2016), *Investissement privé en Tunisie: bilan et perspectives*, ITCEQ, http://www.itceq.tn/files/investissement-et-croissance/investissement-prive.pdf. [1]

Annexe 2.A. Comparaison de l'échantillon du RNE avec le Répertoire original

Le tableau ci-dessous compare le nombre d'entreprises et de salariés par secteur dans la base de données originale du RNE et l'échantillon fourni par l'INS à l'OCDE. Seules les entreprises comptant au moins un employé sont incluses.

Tableau d'annexe 2.A.1. Comparaison par secteur de l'échantillon du RNE avec le Répertoire original

2021

Nom du secteur	Nombre d'entreprises dans le RNE	Nombre d'entreprises dans l'échantillon	***Part des entreprises incluses dans l'échantillon***	Nombre d'employés dans le RNE	Nombre de travailleurs dans l'échantillon	***Part des travailleurs couverts dans l'échantillon***
Agriculture et pêche	1 332	796	***59,8***	23 392,58	19 653,5	***84,0***
Exploitation minière	424	266	***62,7***	7 383,41	4 600,4 166	***62,3***
Fabrication de produits agroalimentaires	5 595	3 792	***67,8***	69 303,5	61 514,917	***88,8***
Fabrication de textiles et de vêtements	3 354	2 466	***73,5***	161 938,75	141 980,75	***87,7***
Fabrication de cuir et de chaussures	544	373	***68,6***	23 656,91	21 167,5833	***89,5***
Fabrication de papier et d'articles en papier ; imprimerie et reproduction	769	602	***78,3***	13 931,92	12 931,083	***92,8***
Fabrication de produits chimiques et pharmaceutiques	789	613	***77,7***	20 321	19 282,5833	***94,9***
Fabrication de produits en caoutchouc et en plastique	674	536	***79,5***	22 013,42	19 700,584	***89,5***
Fabrication d'autres produits minéraux non métalliques	806	567	***70,3***	23 635,08	21 201,25	***89,7***
Fabrication de métaux de base et de produits métalliques, à l'exception des machines et du matériel	2 293	1 705	***74,4***	27 874,25	24 555,333	***88,1***
Fabrication de produits informatiques, électroniques et optiques ; fabrication de matériel électrique ; fabrication de machines et équipements n.c.a.	975	800	***82,1***	98 896,75	96 742,5	***97,8***

Fabrication de véhicules automobiles, de remorques et semi-remorques et d'autres matériels de transport	261	201	***77,0***	45 449,75	42 882,084	***94,4***
Réparation et installation de machines et d'équipements	676	484	***71,6***	5176,25	3975,7501	***76,8***
Autre fabrication	2632	1854	***70,4***	7 577,08	7 160,9167	***94,5***
Construction	6 543	4 248	***64,9***	46 206,59	38 202,3337	***82,7***
Commerce de gros et de détail et réparation de véhicules automobiles et de motocycles	3 666	2 786	***76,0***	16 261,92	13 197,75	***81,2***
Commerce de gros, à l'exception des véhicules automobiles et des motocycles	10 138	7 800	***76,9***	65 473,5	57 866,417	***88,4***
Commerce de détail, à l'exception des véhicules à moteur et des motocycles	14 263	11 183	***78,4***	65 576,33	57 290	***87,4***
Transport et stockage	3 387	2 008	***59,3***	30 441	23 960,667	***78,7***
Activités d'hébergement et de restauration	8 458	5 396	***63,8***	47 636,58	35 790,167	***75,1***
Information et communication	2 746	1 953	***71,1***	33 774,75	28 634	***84,8***
Activités financières et d'assurance	967	742	***76,7***	24 798,17	24 180,333	***97,5***
Activités professionnelles, scientifiques et techniques	8 165	6 023	***73,8***	35 230,75	27 646,9164	***78,5***
Activités de services administratifs et de soutien	3 250	2 171	***66,8***	95 385,25	70 955,5	***74,4***
Éducation ; santé et travail social	12 657	9 885	***78,1***	49 497,5	40 611,417	***82,0***

Note: seules les entreprises comptant au moins un employé sont incluses.
Source : Répertoire national des entreprises.

Annexe 2.B. Évolution de la productivité du travail des entreprises étrangères et tunisiennes dans les différents secteurs

Graphique d'annexe 2.B.1. Évolution de la productivité du travail des entreprises étrangères et tunisiennes dans certains secteurs

Revenus réels par employé, par nationalité de l'entreprise

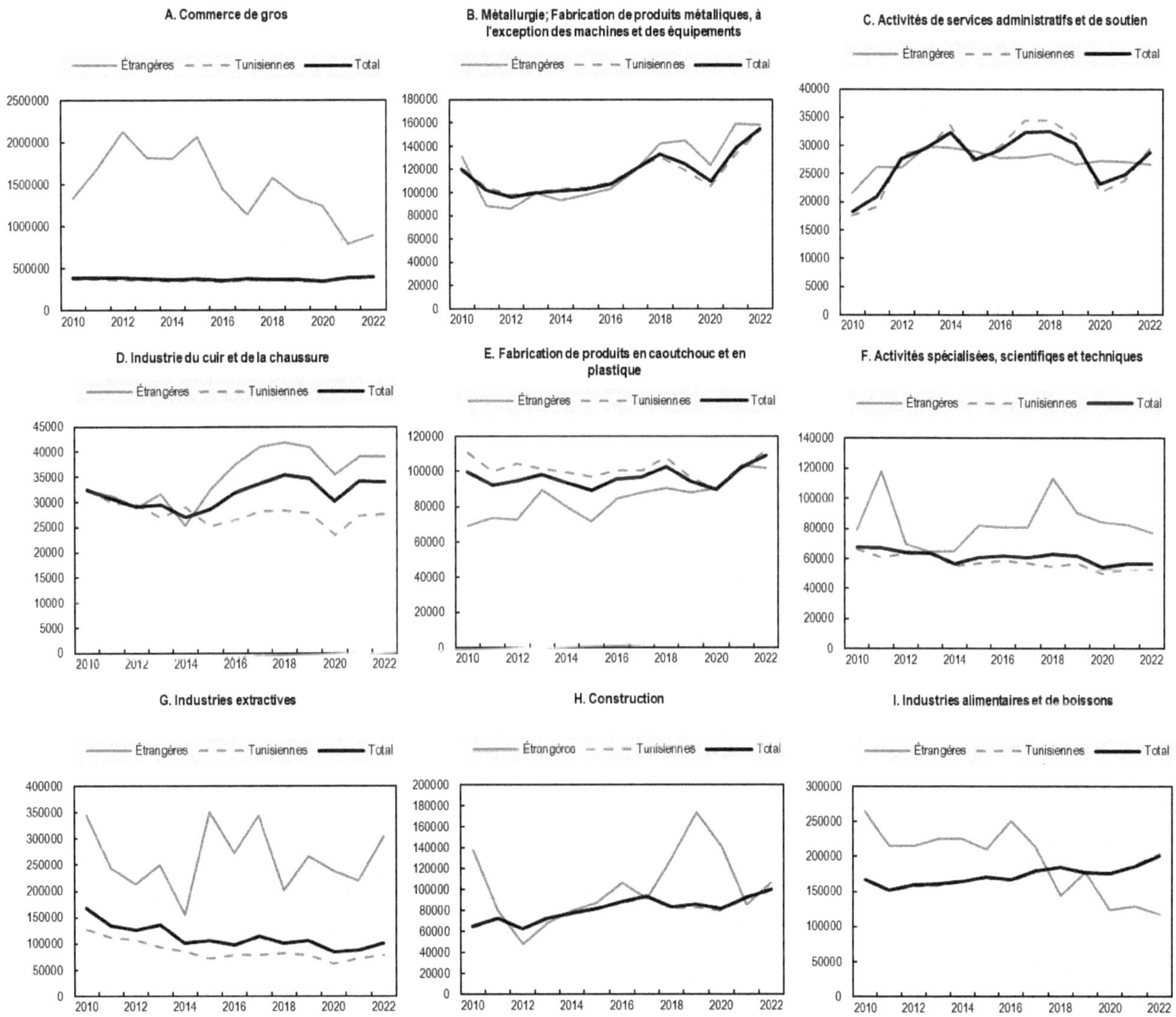

Note : la productivité du travail est mesurée en revenus par employé. Les valeurs réelles ont été obtenues en ajustant l'indice des prix à la consommation.
Source : calculs de l'OCDE d'après le Répertoire national des entreprises (RNE) (INS, 2023[14]).

3 Impact de l’IDE sur la qualité de l’emploi et les compétences

Le présent chapitre analyse le potentiel de l’investissement direct étranger (IDE) à améliorer la situation du marché du travail. Il évalue l’impact de l’IDE sur la création d’emplois et les conditions de travail salariales par secteur et gouvernorat. Il examine également la manière dont les entreprises étrangères en Tunisie contribuent à l’égalité de genre et au développement des compétences, à travers des pratiques de formation, mais aussi comment elles participent à la réduction des éventuels déséquilibres de compétences.

3.1. Résumé

La Tunisie est une destination attractive pour les investissements directs étrangers (IDE) de par sa main-d'œuvre abondante, jeune et qualifiée. La contribution de l'IDE à la situation du marché du travail en Tunisie est essentielle pour cette économie où l'informalité et le chômage sont élevés par rapport aux normes internationales, en particulier parmi les jeunes, les femmes, les personnes hautement qualifiées et dans les régions de l'arrière-pays tunisien. Comme dans d'autres pays de la région du Moyen-Orient et de l'Afrique du Nord (MOAN), telle que la Jordanie, le ralentissement du dynamisme des entreprises, conjugué à des déséquilibres de compétences, a limité les possibilités d'emploi pour une main-d'œuvre tunisienne en augmentation constante et de plus en plus qualifiée. Le secteur public a absorbé un grand nombre de nouveaux diplômés et continue d'offrir des conditions de travail attrayantes, mais limite également la mobilité de la main-d'œuvre du secteur public vers le secteur privé.

En Tunisie, l'IDE a fortement contribué à la création d'emplois et à l'amélioration du niveau de vie et des compétences, mais son impact est inégal au sein de la population et des régions. En 2021, un travailleur du secteur privé sur cinq travaillait dans une entreprise étrangère : 34 % dans le secteur manufacturier et 10 % dans le secteur des services, dont 95 % dans des entreprises étrangères à l'étranger. Les entreprises tunisiennes offshore employaient 22 % des travailleurs des entreprises tunisiennes. Le nombre de travailleurs dans les entreprises étrangères a doublé depuis 2005, mais la grande majorité des emplois se situent dans des professions peu qualifiées, créées par des multinationales qui exportent des composants automobiles, des textiles et des vêtements ainsi que des produits mécaniques et électroniques. Les emplois créés dans le secteur des services dépendent davantage de travailleurs hautement qualifiés, en particulier dans les TIC et les services aux entreprises, scientifiques et techniques, où les entreprises étrangères représentent 24 à 44 % de l'emploi sectoriel. Bien qu'attirant la moitié des flux d'IDE, les emplois créés par l'IDE dans la zone métropolitaine de Tunis (le Grand Tunis) représentent 28 % de l'ensemble des emplois d'IDE contre 34 % pour la région côtière du nord-est.

L'intensité de création d'emplois des investissements greenfield en Tunisie est l'une des plus élevées de la région MOAN (3,6 emplois créés en moyenne pour chaque million de dollars investi) et est nettement supérieure à la moyenne de l'OCDE. Elle a également augmenté au cours de la dernière décennie, en partie sous l'effet d'une réorientation de l'IDE vers des activités d'assemblage à forte intensité de main-d'œuvre dans le secteur des composants électroniques. Même si la majorité des emplois créés le sont dans les activités manufacturières à forte intensité de main-d'œuvre, la création d'emplois grâce aux IDE dans certaines activités de services a également augmenté au cours de la dernière décennie. Les services aux entreprises, la recherche et le développement, les ventes et le marketing, qui sont des activités qui pourraient mieux convenir aux jeunes demandeurs d'emploi hautement qualifiés, ont contribué à 12 % des nouveaux emplois créés par les investissements greenfield au cours de la période 2013-2023, soit deux fois plus qu'entre 2003 et 2012. En revanche, l'intensité de création d'emplois de l'IDE dans le secteur textile a été réduite de moitié, ce qui indique une forte diminution de l'intensité de la main-d'œuvre du secteur en raison des pressions concurrentielles accrues exercées par d'autres marchés émergents où le coût de la main-d'œuvre est plus faible.

Les résultats de l'IDE en matière de création d'emplois en Tunisie ne se sont traduits que partiellement par des améliorations salariales et non salariales, qui sont essentielles pour relever le niveau de vie de la population, notamment celui des femmes. Les entreprises étrangères versent, en moyenne, des salaires à peine plus élevés que les entreprises tunisiennes, bien qu'il existe d'importantes variations entre les secteurs. Malgré les hausses enregistrées ces dernières années, les salaires dans les entreprises industrielles étrangères restent inférieurs à ceux de leurs homologues tunisiennes, les premières exerçant principalement des activités peu qualifiées et peu productives dans les secteurs de l'équipement automobile et de l'électricité-électronique. Des exceptions existent dans des secteurs tels que les minéraux, l'exploitation minière et la réparation de machines. La contribution des entreprises étrangères en matière d'égalité des genres est également mitigé. Dans les entreprises étrangères, les femmes sont majoritaires, mais elles occupent pour la plupart des emplois peu qualifiés. En outre, les entreprises étrangères ne contribuent pas nécessairement à améliorer l'accès des femmes aux postes de direction.

Les entreprises étrangères en Tunisie opèrent sur un marché du travail caractérisé par de grands déséquilibres en matière de compétences. En effet, il existe un décalage entre la demande et l'offre de compétences, ce qui conduit à des inadéquations et à une pénurie de compétences, en partie attribuables au nombre élevé de diplômés universitaires et à la faible création d'emplois pour les personnes hautement qualifiées. Les entreprises étrangères ont peu d'impact sur l'amélioration de ce déséquilibre puisqu'elles opèrent principalement dans des secteurs qui dépendent de travailleurs peu qualifiés. Elles emploient également moins de travailleurs qualifiés que les entreprises étrangères dans d'autres pays. Le secteur des services aux entreprises, qui est un secteur important pour les emplois hautement qualifiés, est susceptible de générer des retombées de compétences, un quart des entreprises étant étrangères. En outre, les entreprises étrangères sont deux fois plus susceptibles d'offrir des formations à leurs employés que les entreprises tunisiennes, ce qui favorise le perfectionnement des compétences.

Orientations de politiques publiques

- **Aligner la politique et la promotion de l'investissement sur la Vision Tunisie 2035 et sur les plans de développement de l'emploi et des compétences** visant à stimuler l'emploi dans le secteur privé et l'ambition de la Tunisie de bâtir une économie du savoir. Ces objectifs impliquent une approche équilibrée concernant l'emploi dans la stratégie de promotion des investissements. En effet, il s'agit de continuer à cibler les secteurs à forte intensité de main-d'œuvre, y compris pour les femmes et en dehors de la région du Grand Tunis, tout en intensifiant les efforts visant à cibler les segments à forte intensité de compétences des chaînes de valeur des secteurs de l'automobile et de l'électronique et des secteurs des services tels que les services aux entreprises et les TIC qui soutiennent la transition numérique de la Tunisie.
- **Réévaluer les restrictions en matière d'IDE à la lumière d'objectifs de stimulation de la demande de main-d'œuvre dans les secteurs de services créateurs d'emplois et à forte intensité de compétences.** Des restrictions à la propriété étrangère existent dans les services aux entreprises, la distribution, les TIC, le tourisme et les transports, secteurs où les IDE ont le potentiel de créer des emplois à la fois pour les demandeurs d'emploi tunisiens peu qualifiés et hautement qualifiés, y compris les femmes. Comme l'indique l'étude économique de l'OCDE : Tunisie 2022, la poursuite de réformes favorables à la concurrence contribuera au dynamisme du secteur privé et la création d'emplois plus nombreux et de meilleures qualités.
- **Améliorer les efforts de promotion et de facilitation des investissements en se fondant sur le potentiel du marché du travail et les compétences existantes afin de réduire les obstacles à l'information pour les investisseurs**. Pour cela, il convient de fournir des informations claires sur les caractéristiques du marché du travail, les réglementations, les programmes de formation existants et les mesures incitatives, ainsi qu'un soutien aux investisseurs pour identifier des fournisseurs respectant les normes du travail. Les incitations fiscales pourraient soutenir la formation par les entreprises, y compris celle des femmes et des fournisseurs locaux. En outre, envisager de mettre en place des programmes de formation pré-emploi pour répondre rapidement aux besoins en compétences de nouveaux investisseurs potentiels ou les aider à mettre en place leurs propres structures de formation.
- **Mettre en place des mécanismes de suivi et d'évaluation afin d'évaluer efficacement l'impact de l'IDE sur l'emploi et la qualité des emplois et anticiper la pénurie de compétences**. Pour ce faire, il est nécessaire de disposer et d'avoir accès à des statistiques représentatives au niveau des entreprises, basées sur le Répertoire national des entreprises, fournissant des informations sur la propriété étrangère, l'emploi par genre, les salaires et les conditions de travail non salariales, et les dépenses de formation. Cela nécessite d'améliorer la coordination entre l'INS, la FIPA et l'APII. Envisager également de faire participer la FIPA et d'autres agences aux exercices d'anticipation des besoins en compétences pour concevoir et mettre en œuvre des programmes d'emploi et de perfectionnement des compétences qui ciblent les besoins en compétences des entreprises étrangères.

3.2. Principaux défis et opportunités pour le marché du travail tunisien

La main-d'œuvre tunisienne est jeune et de plus en plus éduquée, mais le marché du travail est confronté à d'énormes défis. Le taux de chômage est passé de 13 % en 2010 à plus de 16 % au quatrième trimestre de 2023. Il est plus élevé que dans les pays de la région MOAN, à l'exception de la Jordanie (Graphique 3.1, panel A). Le taux de chômage des 15-24 ans a atteint 40 %. Le taux d'activité est similaire à celui des autres pays de la région MOAN, mais reste faible au regard des taux à l'échelle internationale :

en 2019, seulement la moitié de la population active occupait un emploi formel ou cherchait un emploi (Graphique 3.1, panel B). Cela est dû à une participation particulièrement faible des femmes au monde du travail : 28 % contre 77 % pour les hommes. Une grande partie de la population occupe un emploi informel (près de 40 % de l'emploi non agricole total) et le taux d'informalité dépasse 65 % de l'emploi total dans les secteurs de l'agriculture, la construction et le commerce de gros et de détail (INS, 2020[1]). Les emplois informels vont souvent de pair avec la précarité de l'emploi, l'absence d'assurance sociale et des salaires bas, contribuant ainsi à la création d'inégalités importantes sur le marché du travail.

Graphique 3.1. Les conditions du marché du travail en Tunisie

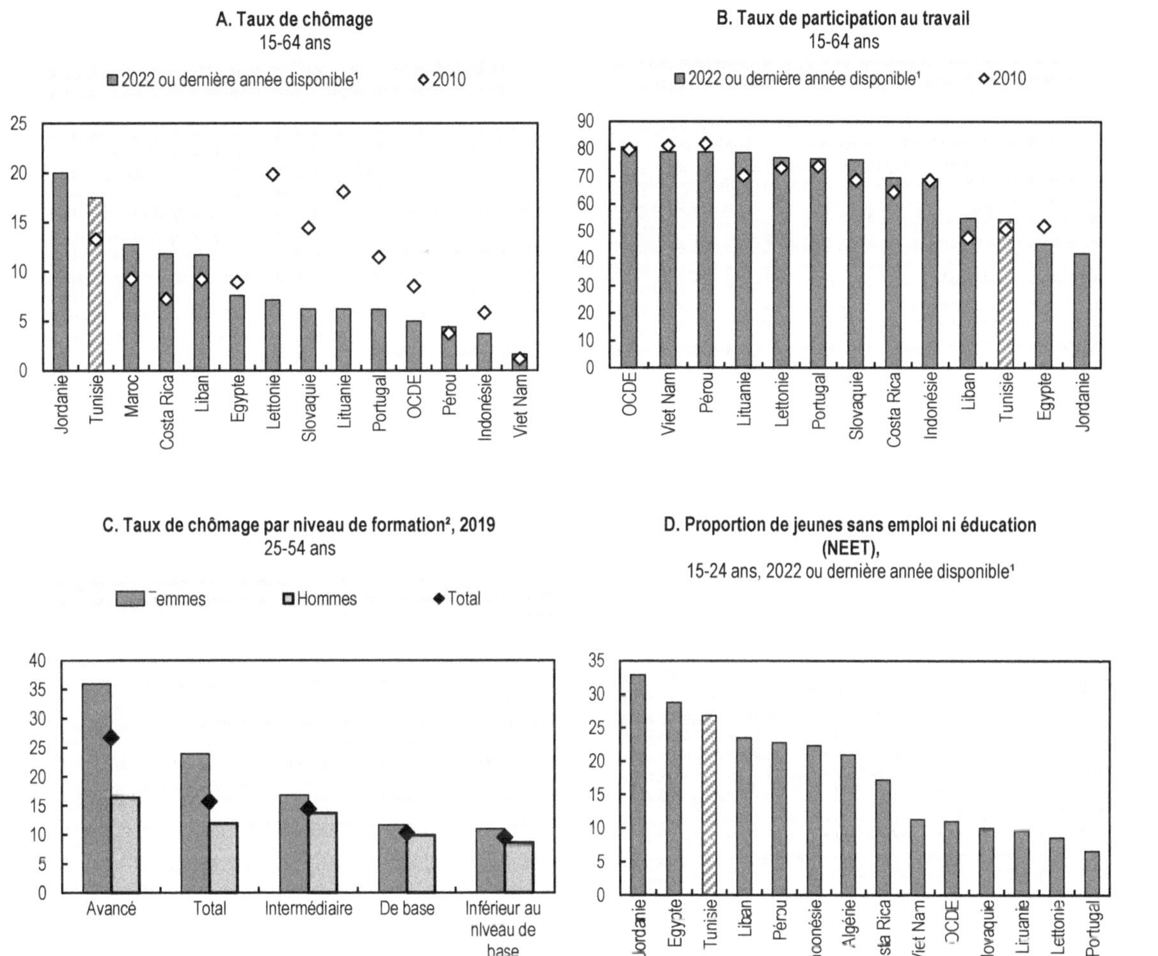

Note : 1. Les données se rapportent à l'année 2021 pour l'Égypte, la Jordanie et le Maroc et à l'année 2019 pour le Liban et la Tunisie. 2. Niveau avancé : enseignement supérieur ; niveau intermédiaire : deuxième cycle de l'enseignement secondaire ou postsecondaire non supérieur ; niveau de base : enseignement primaire et secondaire inférieur ; niveau inférieur au niveau de base : enseignement pré primaire.
Source : statistiques de l'OIT (ILO, 2024[2]) ; statistiques de l'OCDE sur la population active (OECD, 2024[3]), https://stats.oecd.org/.

3.2.1. Le faible dynamisme des entreprises a limité les possibilités de croissance de l'emploi

Les jeunes et les femmes hautement qualifiés sont confrontés à de grands défis sur le marché du travail. La population tunisienne a connu une croissance constante de 2 % jusqu'au milieu des années 1990, entraînant une expansion rapide de la population active (Boughzala, 2019[4]). Un renforcement de l'accès à l'éducation a amélioré les résultats scolaires des femmes, qui représentent plus de 60 % des diplômés universitaires. La part de la population active titulaire d'un diplôme de l'enseignement supérieur a quadruplé depuis les années 1990, mais la croissance lente et la faible création d'emplois, en particulier pour les travailleurs diplômés et qualifiés, n'ont pas suffi à absorber le nombre croissant de diplômés (OECD, 2022[5]). Parmi les personnes ayant fait des études supérieures appartenant à la tranche d'âge 25-55 ans, 27 % étaient au chômage en 2019, soit près du double de la moyenne nationale. Il s'agit de l'un des taux les plus élevés de la région MOAN (Kthiri, 2019[6]). Le taux de chômage des femmes titulaires d'un diplôme d'études supérieures était encore plus élevé, se situant à 36 %, entravé par les rôles et les normes culturelles liés au genre et la disponibilité limitée de services de garde d'enfants abordables (World Bank, 2022[7]) (Graphique 3.1, panel C). Les possibilités restreintes pour les jeunes sont particulièrement préoccupantes, car les deux tiers des chômeurs ont moins de 30 ans. De plus, 28 % des jeunes n'étaient ni scolarisés ni actifs (dont deux tiers de femmes), une proportion supérieure à celle de nombreuses économies comparables et à la moyenne OCDE de 11 % (Graphique 3.1, panel D).

Malgré des périodes de croissance économique et d'importantes réformes du climat des affaires, la création d'emplois en Tunisie a été faible en raison du dynamisme limité des entreprises et de la croissance de la productivité, ce qui affecte particulièrement les jeunes et les femmes hautement qualifiés (OECD, 2021[8]). Des réglementations administratives coûteuses et anticoncurrentielles, l'incertitude politique et les faibles incitations à investir limitent l'entrée et la sortie d'entreprises sur le marché et donc la réaffectation efficace des ressources (voir Chapitre 2). De nouvelles réformes visant à améliorer la concurrence sur les marchés de produits, associées à une plus grande flexibilité du marché du travail, contribueraient à améliorer le dynamisme entrepreneurial et à créer des emplois formels (Belgacem et Vacher, 2023[9]). De nombreuses entreprises tunisiennes sont de petites entreprises, souvent des micro-entreprises, qui offrent des emplois peu qualifiés et peu rémunérés. De plus, le marché du travail manque d'emplois de qualité pour répondre aux exigences des travailleurs hautement qualifiés, toujours plus nombreux (Boughzala, 2019[4]). Le nombre croissant de diplômés de l'enseignement supérieur et le manque de possibilités d'emploi adéquates exacerbent les déséquilibres existants en matière de compétences sur le marché du travail.

3.2.2. La création d'emplois est inégale selon les secteurs et les régions

En Tunisie, bon nombre des emplois sont concentrés dans des secteurs à faible productivité nécessitant un personnel peu qualifié. Le secteur des services est le principal employeur, avec plus d'un quart des emplois dans les transports, la réparation, le tourisme ou le commerce de détail (Graphique 3.2). Le commerce de détail et le secteur de la construction sont les principaux moteurs de la croissance de l'emploi depuis 2007 (OECD, 2022[5]). Le secteur bancaire et des assurances, plus productif, ne représente que 2 % de l'emploi dans les services et 1 % de l'emploi total. Les emplois manufacturiers dans les secteurs du textile, de la mécanique et de l'électricité, et de l'agroalimentaire représentent les trois quarts de l'ensemble des emplois manufacturiers (Graphique 3.2). Ces secteurs, bien qu'importants pour l'emploi, dépendent principalement d'emplois exigeant des niveaux de qualification intermédiaires ou de base et offrent des salaires modestes. La croissance de l'emploi dans les industries mécaniques et électriques a été le principal facteur de croissance de l'emploi dans le secteur manufacturier depuis 2007, tandis que l'importance du secteur du textile a diminué.

Graphique 3.2. L'emploi en Tunisie est principalement concentré dans le secteur des services

Part de l'emploi par grands secteurs, 2019

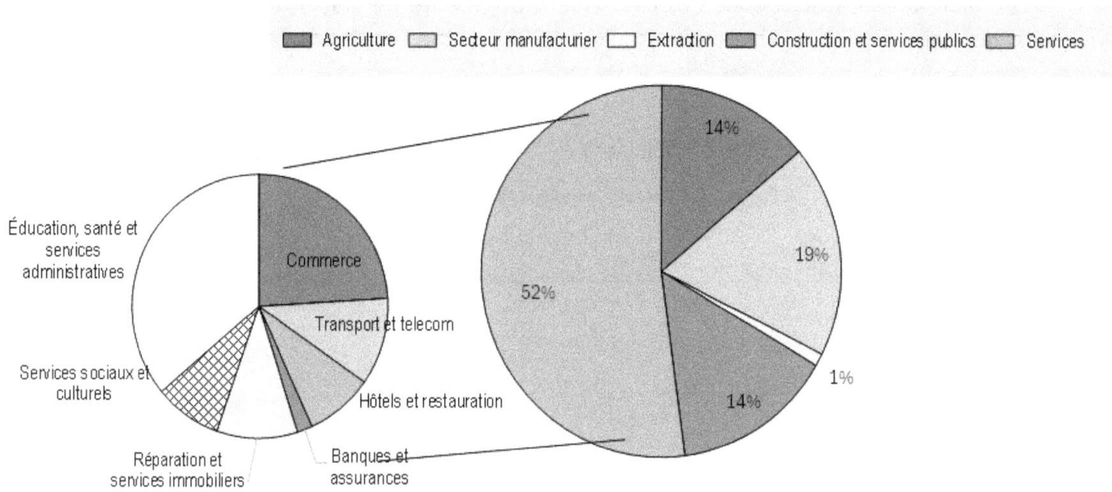

Source : INS, (2024[10]), https://ins.tn/statistiques/151.

Malgré une croissance limitée de la productivité, le secteur public s'est développé au cours de la dernière décennie grâce à l'expansion des embauches et aux augmentations de salaire. L'emploi dans le secteur public représente environ un cinquième de l'emploi total et attire des jeunes et des femmes hautement qualifiés. L'administration publique a absorbé la plupart des diplômés universitaires depuis 2007 et a contribué de manière significative à la croissance globale de l'emploi (OECD, 2022[5]). Alors que les emplois dans le secteur public n'offrent pas nécessairement de meilleurs salaires de départ aux jeunes diplômés, beaucoup d'entre eux trouvent ces emplois attrayants en raison des avantages supplémentaires qu'ils offrent tels que la sécurité de l'emploi, les augmentations de salaire garanties, les longs congés maternité ou les horaires de travail flexibles (World Bank, 2022[7]).

Le développement inégal du secteur privé entre les régions a également contribué à la création de disparités sur le marché du travail, le taux de chômage s'élevant à moins de 10 % dans certains gouvernorats côtiers à près de 30 % dans certaines régions du sud et de l'ouest. Les régions montagneuses et rurales de l'ouest et du sud sont confrontées à des possibilités limitées d'emploi non agricole, en particulier pour les travailleurs qualifiés (Boughzala et Hamdi, 2014[11]). Les régions côtières du nord-est et du centre-est ont traditionnellement attiré des activités économiques à forte intensité de main-d'œuvre grâce à leur emplacement stratégique pour les exportations maritimes, aux investissements dans les infrastructures et au développement de pôles industriels. Même si cela a contribué à réduire le chômage, les employeurs ont encore du mal à trouver une main-d'œuvre adéquate dans de nombreux secteurs en raison de la mobilité limitée de la main-d'œuvre entre les régions, liée à des facteurs structurels et culturels (OECD, 2022[5]).

3.3. La contribution de l'IDE à l'emploi

3.3.1. Les entreprises étrangères emploient un travailleur sur cinq dans le secteur privé

La libéralisation du commerce et de l'investissement, la création du « régime offshore » et une main-d'œuvre compétitive et abondante ont contribué à attirer les IDE, avec des conséquences majeures sur la dynamique des entreprises et de l'emploi. La part de l'emploi dans les entreprises étrangères a augmenté, passant de 13 % de l'emploi dans le secteur privé formel en 2005 à 21 % en 2021 (Graphique 3.3, panel A). Cette part est similaire à la moyenne de l'OCDE, mais inférieure à celle de certaines petites économies ouvertes comme la République tchèque, la Slovaquie ou l'Irlande (Graphique 3.3, panel B). En valeur absolue, l'emploi du secteur privé dans les entreprises étrangères a doublé entre 2005 et 2021, tandis que l'emploi dans les entreprises tunisiennes a augmenté de 20 %. Plus de 200 000 travailleurs étaient employés dans des entreprises étrangères en 2021, dans l'ensemble des secteurs économiques.

Graphique 3.3. Part de l'emploi dans les entreprises étrangères

Pourcentage d'entreprises étrangères dans l'emploi total dans le secteur privé

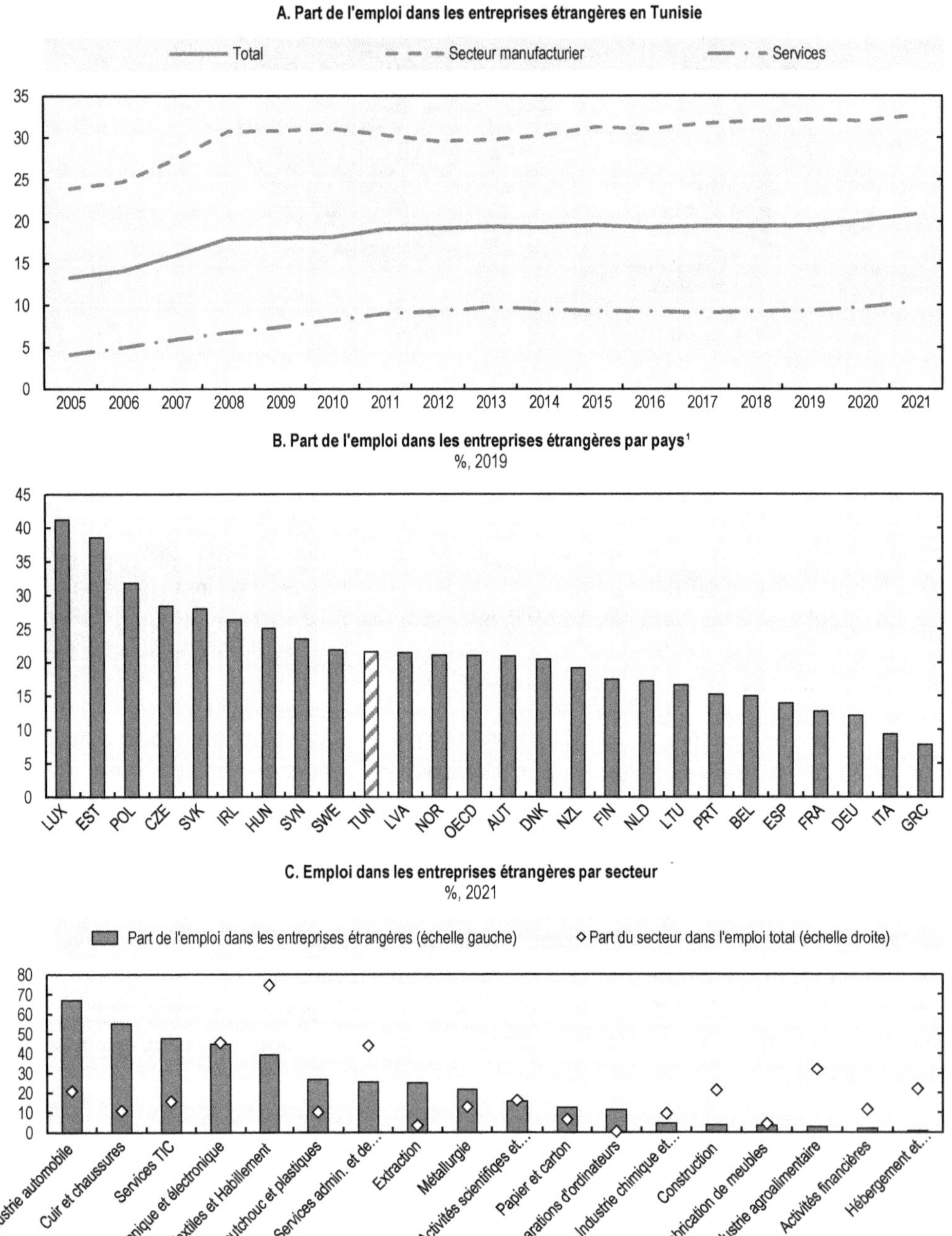

Note : toutes les données chiffrées se rapportent à l'emploi dans le secteur privé. 1. Pour des raisons de comparabilité des données, les agrégats par pays excluent l'agriculture, les activités financières et d'assurance, les services d'éducation, les soins de santé, les arts, les divertissements et les loisirs, les autres services et l'administration publique (correspondant à la CITI rév. 4 secteurs B à N, à l'exclusion de K).
Source : calculs de l'OCDE d'après le Répertoire national des entreprises RNE (INS, 2023[12]) et la base de données AMNE de l'OCDE (OECD, 2023[13]).

La présence étrangère est importante dans le secteur manufacturier, avec 34 % des emplois du secteur privé dans des entreprises étrangères en 2022, contrairement aux services où cette part était de 10 % (Graphique 3.3, panel A). Dans certains secteurs manufacturiers qui ont attiré de grandes quantités d'IDE, les entreprises étrangères représentent au moins 45 % de l'emploi, à savoir les composants automobiles, le cuir et les chaussures, ainsi que la mécanique et l'électronique (Graphique 3.3, panel C). Conjointement, ces secteurs représentent environ 15 % de l'emploi total dans le secteur privé et 31 % de l'emploi dans le secteur manufacturier. La contribution des fabricants étrangers à l'emploi dans l'industrie alimentaire est faible alors que le secteur crée de nombreux emplois. Le secteur alimentaire est fortement réglementé et compte une grande présence d'entreprises publiques (World Bank, 2014[14]). Dans le secteur des services, la présence des entreprises étrangères est la plus importante dans les TIC, les services de soutien aux entreprises et les services scientifiques et techniques, où elles représentent 24 à 44 % de l'emploi sectoriel (INS, 2022[15]). De manière générale, les secteurs des services sont plus restrictifs à l'égard de l'IDE que l'industrie manufacturière. Par exemple, les entreprises étrangères représentent environ 1 % de l'emploi dans les secteurs des transports et du stockage, du tourisme, de l'éducation et de la santé.

La majorité des fabricants étrangers opèrent sous le régime offshore, ce qui signifie qu'ils exportent presque toute leur production (voir Chapitre 2 pour une analyse plus approfondie du lien entre les IDE et le régime offshore en Tunisie). En 2021, au sein du groupe des entreprises étrangères, celles du secteur offshore employaient 95 % des travailleurs tout en représentant 79 % du groupe, un contraste frappant avec les entreprises offshore tunisiennes qui employaient 22 % des travailleurs des entreprises tunisiennes (Graphique 3.4). Les entreprises offshore jouent un rôle essentiel dans l'évolution du marché du travail en Tunisie, offrant près de 40 % de l'emploi total du secteur privé en 2021, bien qu'elles ne représentent que 4 % de l'ensemble des entreprises. Cet écart met en évidence les liens importants et les dépendances potentielles créés par le régime offshore entre le commerce, l'investissement et les possibilités d'emploi en Tunisie. La forte concentration de l'emploi dans les entreprises offshore rend les emplois plus vulnérables aux turbulences commerciales et économiques mondiales.

Graphique 3.4. La création d'emplois par les entreprises étrangères se produit principalement sous le régime offshore

Part de l'emploi dans les entreprises tunisiennes et étrangères par type d'entreprise, 2021

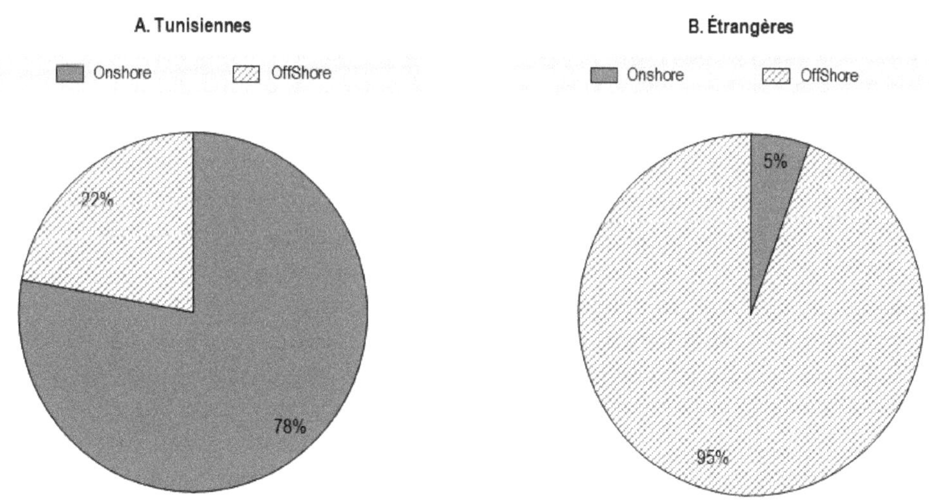

Source : OCDE d'après le Répertoire national des entreprises (INS, 2023[12]).

3.3.2. *La création d'emplois liée à l'IDE varie fortement d'un secteur à l'autre et d'une région à l'autre*

Au cours de la dernière décennie, les emplois créés par l'IDE se sont concentrés dans le secteur manufacturier. Sur l'ensemble des nouveaux emplois créés grâce à l'IDE entre 2013 et 2022, à l'exclusion du secteur de l'énergie, plus de 90 % d'entre eux ont été créés dans l'industrie manufacturière et 6,5 % dans le secteur des services. Les entreprises tunisiennes ont connu la tendance inverse. De plus, deux secteurs manufacturiers, l'électronique et le textile et l'habillement ont créé la moitié de tous les emplois (Graphique 3.5). Un tiers des emplois créés grâce à l'IDE au cours de cette période concernaient uniquement le secteur de l'électronique. Cette constatation illustre l'évolution de la répartition sectorielle de l'IDE en Tunisie et le passage à des activités manufacturières à plus forte intensité de main-d'œuvre.

Graphique 3.5. La répartition des emplois créés par l'IDE en Tunisie par secteur

Part des emplois créés par l'IDE en % du total des emplois créés (hors énergie), 2013-2022

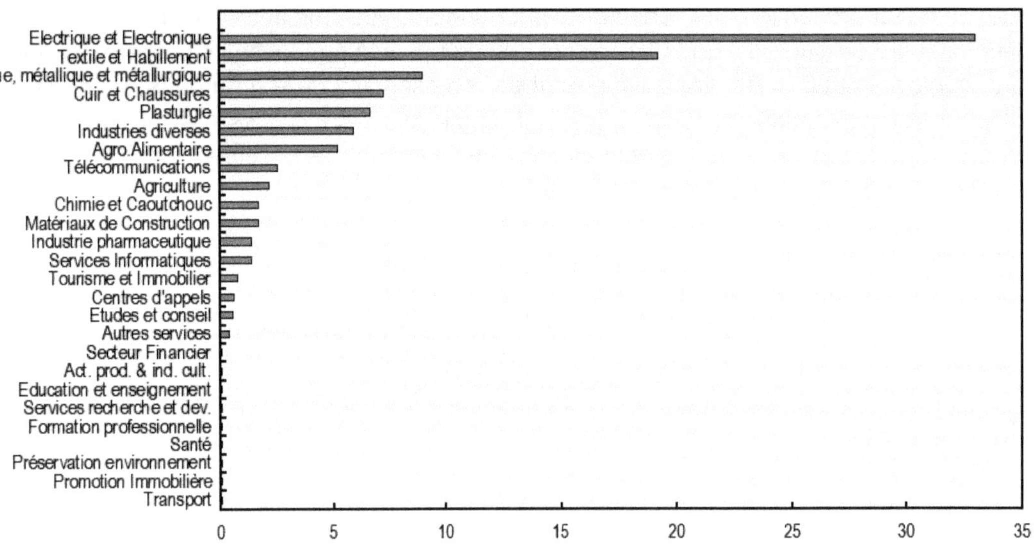

Source : OCDE d'après les données de l'Agence de Promotion de l'Investissement Extérieur (FIPA, 2023[16]).

La contribution de l'IDE à l'emploi n'est pas partagée équitablement entre les régions et reflète les grandes disparités régionales en matière d'investissement étranger, comme c'est le cas dans d'autres pays (OECD, 2022[17]). Toutefois, d'un point de vue géographique, cette contribution à l'emploi est répartie plus équitablement que l'IDE lui-même. Le gouvernorat de Tunis a attiré 31 % des flux d'IDE entre 2013 et 2022 et l'aire métropolitaine de Tunis (le Grand Tunis) plus de la moitié des flux d'IDE (Graphique 3.6, panel A). Parallèlement, la part des emplois créés par l'IDE était de 9 % dans le gouvernorat de Tunis et de 28 % dans le Grand Tunis (Graphique 3.6, panel B). Les projets étrangers dans l'agglomération de Tunis sont davantage axés sur les services et, par conséquent, nécessitent moins de main-d'œuvre que dans les régions où l'activité manufacturière est plus forte. La plupart des entreprises étrangères sont situées dans la région du Grand Tunis, ce qui aurait pu avoir des retombées positives sur la création d'emplois dans les régions voisines. Des études antérieures sur la Tunisie ont mis en évidence des effets d'agglomération où les entrées d'IDE dans une région créent des retombées positives dans les régions voisines (Bouzid et Toumi, 2020[18]). Toutefois, ce ne sont pas les gouvernorats du sud, où le chômage est le plus élevé, qui ont le plus bénéficié de l'IDE. Les régions côtières du nord-est et du centre-est représentaient respectivement 34 % et 25 % des emplois créés par l'IDE entre 2013 et 2022. L'accès aux ports et à un bon réseau routier s'est avéré essentiel pour attirer des IDE manufacturiers créateurs d'emplois et orientés vers l'exportation dans les secteurs textile et automobile tunisiens.

Graphique 3.6. Disparité en matière de création d'emplois grâce à l'IDE au sein des gouvernorats tunisiens

Part par gouvernorat dans le stock total d'IDE entre 2013 et 2022 (hors énergie)

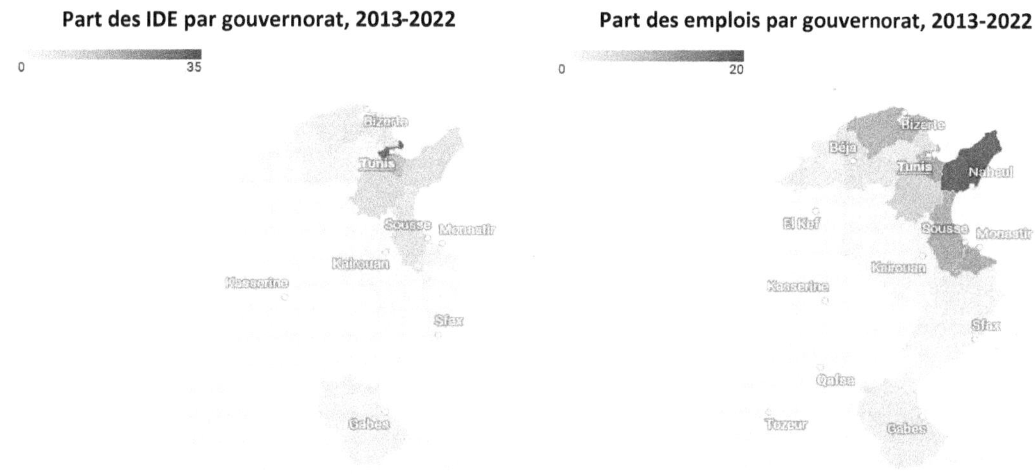

Source : calculs de l'OCDE d'après les données de l'Agence de Promotion de l'Investissement Extérieur (FIPA, 2023[16]).

3.3.3. L'intensité de la création d'emplois des IDE greenfield a augmenté au cours de la dernière décennie

L'emploi provenant de l'IDE en Tunisie reflète intrinsèquement l'ampleur de l'investissement étranger au niveau national et sa répartition entre les secteurs. C'est aussi la conséquence de l'intensité de l'IDE en matière de création d'emplois qui donne une indication de l'impact de l'IDE sur l'emploi dans le pays hôte. D'un point de vue des politiques d'investissement, les agences de promotion de l'investissement, y compris la FIPA, utilisent d'importantes ressources pour attirer les IDE greenfield dans l'espoir de créer de nombreux emplois (OECD, 2021[8]). En Tunisie, chaque million de dollars américains d'IDE greenfield annoncé entre 2003 et 2022 devrait avoir créé 3,6 emplois directs en moyenne, soit deux fois la moyenne de la région MOAN et nettement au-dessus de la moyenne de l'OCDE (Graphique 3.7). L'intensité de la création d'emplois a augmenté au cours des dix dernières années par rapport à la période 2003-2012, l'IDE s'étant détourné de l'extraction minière à forte intensité de capital au profit d'activités manufacturières à forte intensité de main-d'œuvre. Toutefois, cet impact reste plus faible que dans d'autres petites économies ouvertes telles que le Costa Rica, la Lituanie et la Slovaquie.

Graphique 3.7. Intensité de la création d'emplois de l'IDE greenfield en Tunisie et dans les pays comparables

Emplois directs créés par million de dollars américains d'IDE investi, 2003-2022

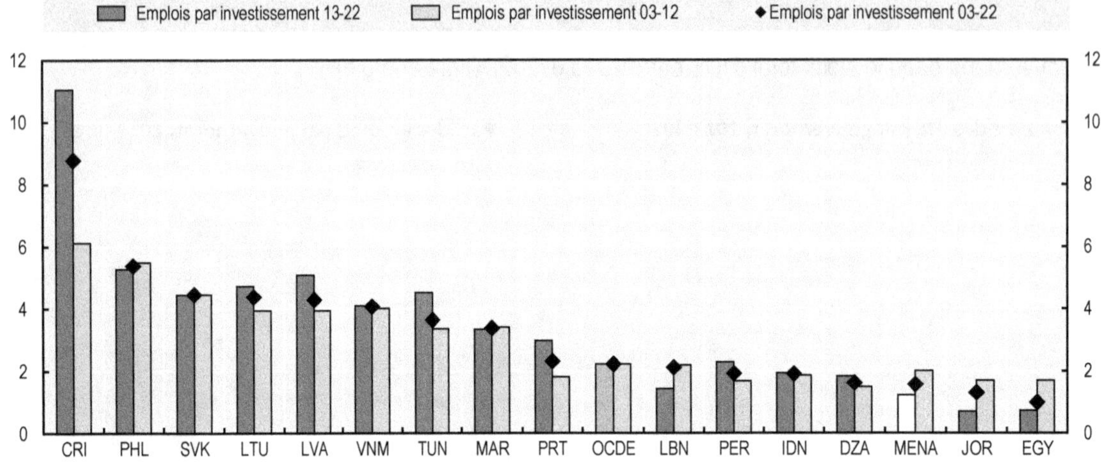

Note : les données incluent le secteur de l'énergie.
Source : calcul de l'OCDE d'après la base de données fDi Markets (Financial Times, 2024[19]), https://www.fdimarkets.com.

La forte intensité de création d'emplois de l'IDE en Tunisie repose sur quelques activités à forte intensité de main-d'œuvre, ce qui indique que des changements mineurs dans la répartition des IDE peuvent avoir un impact important sur les perspectives de création d'emplois. Entre 2013 et 2022, les secteurs qui ont attiré le plus d'IDE n'étaient pas nécessairement ceux où la création d'emplois était la plus importante. Les secteurs de l'énergie, qui est exclu des statistiques de la FIPA, de l'immobilier, de l'hôtellerie et du tourisme représentaient conjointement les deux tiers des IDE, mais seulement 18 % des emplois créés par l'IDE (Graphique 3.8, panels A et B). Les IDE dans les industries du textile et de l'automobile ont créé près de 40 % des emplois, bien qu'elles n'attirent que 6 % de celui-ci. Cela illustre des différences frappantes entre les secteurs, qui varie de 0,25 emploi par million de dollars américains investi dans l'énergie fossile à 38 emplois dans le secteur des machines et équipements d'entreprise. Les IDE greenfield dans le textile et l'électronique ont créé au moins 30 nouveaux emplois par million de dollars américains et ont été une source importante de création d'emplois en Tunisie (Graphique 3.8, panel C).

Graphique 3.8. Contribution de l'IDE greenfield à la création d'emplois en Tunisie

Parts de l'IDE greenfield, des emplois et de l'intensité de la création d'emplois, 2013-2022

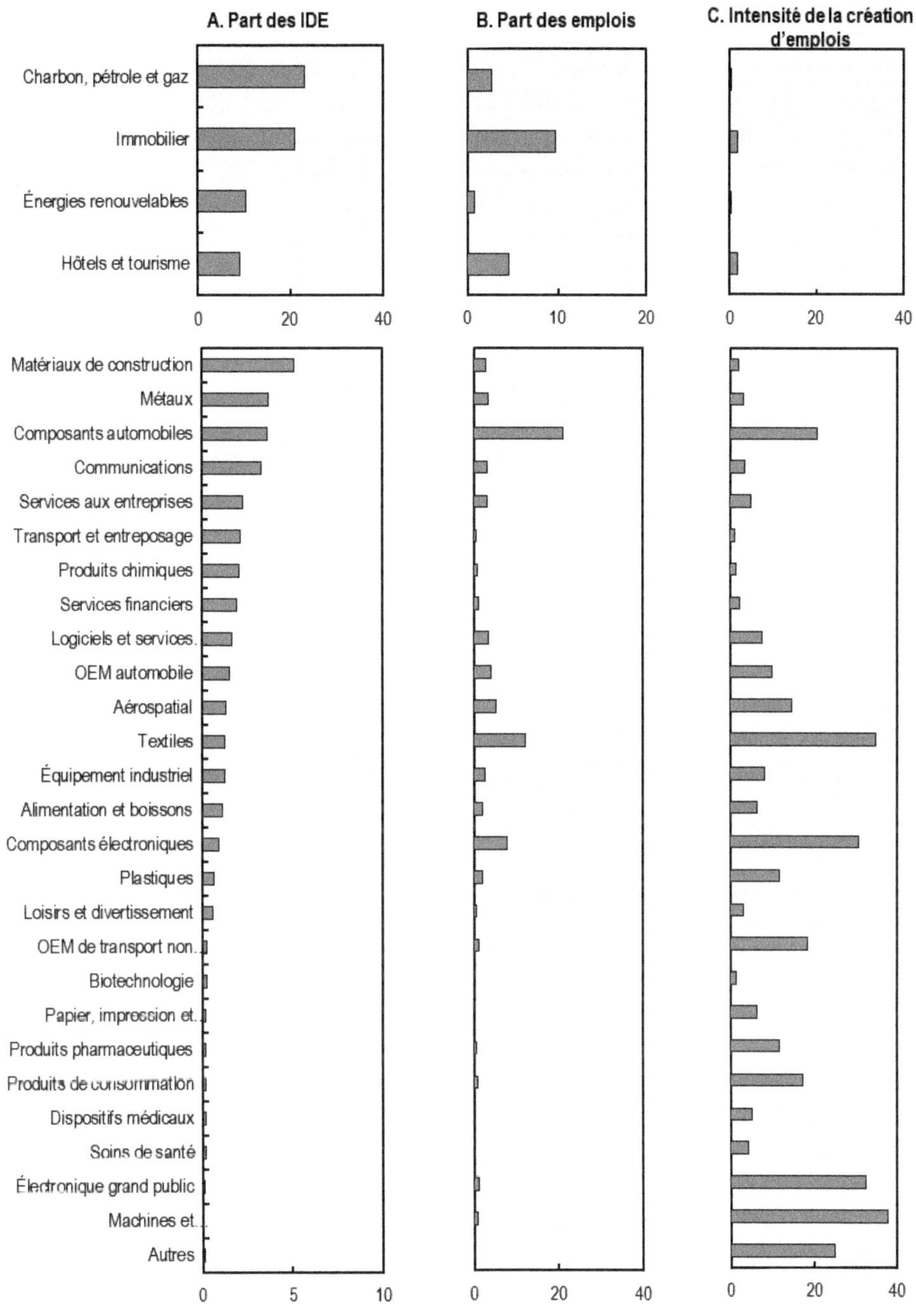

Note : bon nombre des données sur les emplois créés sont des estimations. La composition sectorielle diffère de celle du graphique 3.5 en raison des différences de classification sectorielle entre les bases de données.
Source : calcul de l'OCDE d'après la base de données fDi Markets (Financial Times, 2024[19]), https://www.fdimarkets.com.

L'intensité de la création d'emplois de l'IDE en Tunisie a même augmenté au cours des dix dernières années, indiquant un changement structurel dans la composition de l'investissement étranger à la fois entre et au sein des secteurs, c'est-à-dire dans le type d'activité. L'intensité de l'emploi peut augmenter soit par une plus grande intensité de la main-d'œuvre des activités dans les secteurs, soit par une augmentation des IDE vers les secteurs à forte intensité de main-d'œuvre. Au sein des secteurs, alors que les changements dans l'intensité de la création d'emplois de l'IDE ont été limités dans de nombreux secteurs attirant de grandes parts de l'IDE entre 2003 et 2012 et entre 2013 et 2022, un changement s'est produit au sein de ceux où l'intensité d'emploi est la plus forte (Graphique 3.9). Le secteur des composants électroniques et celui de l'électronique grand public ont été les deux secteurs où l'intensité de création d'emplois était la plus élevée entre 2013 et 2022, chacun ayant presque doublé son intensité de création d'emplois par rapport à la décennie précédente, ce qui laisse supposer une augmentation des activités à forte intensité de main-d'œuvre dans ces secteurs. D'autre part, l'intensité de création d'emplois dans le secteur textile a été réduite de moitié, ce qui indique une intensité de main-d'œuvre nettement plus faible, le secteur étant confronté à des pressions concurrentielles croissantes de la part d'autres marchés émergents (Ministère de l'Industrie, 2022[20]).

Graphique 3.9. L'intensité de l'IDE greenfield en matière de création d'emplois évolue au fil du temps et selon le secteur

Nombre d'emplois créés par million de dollars américains, 2003-2012 et 2013-2022

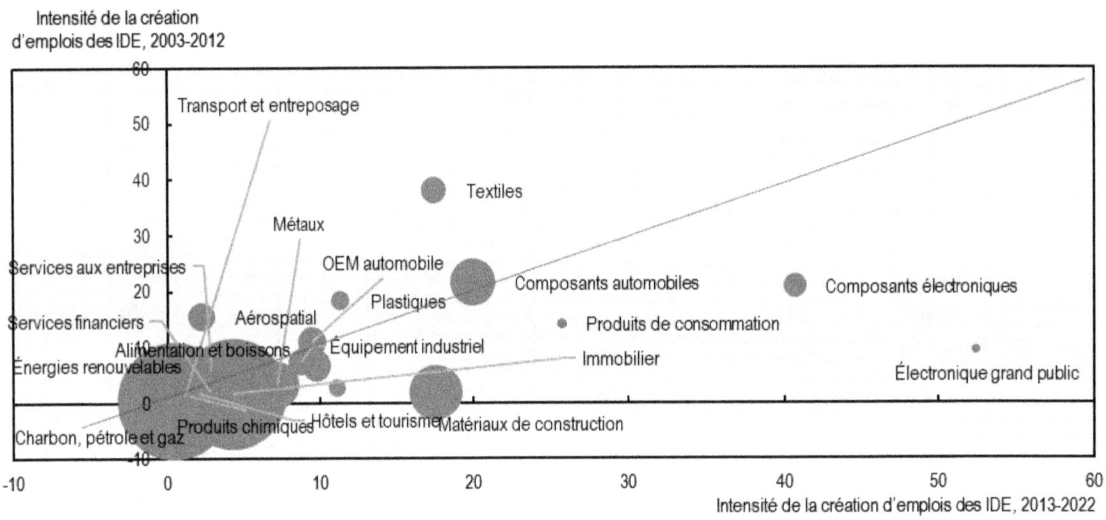

Remarque : la taille de la bulle reflète la part du secteur dans l'IDE total au cours de la période 2003-2022.
Source : calcul de l'OCDE d'après la base de données fDi Markets (Financial Times, 2024[19]), https://www.fdimarkets.com.

L'évolution sectorielle de l'IDE greenfield est liée à l'évolution du type d'activité des projets d'IDE entre 2003 et 2012 et 2013 et 2023. Alors que les activités manufacturières et de construction représentaient 80 % de toutes les activités liées aux IDE au cours des deux périodes, leur part relative a considérablement évolué (Graphique 3.10, panels A et B). L'importance de la construction a considérablement diminué en raison d'une baisse des IDE dans le secteur immobilier, tandis que la part des emplois provenant des activités manufacturières a augmenté en raison d'une forte hausse de la création d'emplois liés aux IDE dans le secteur de l'électronique. L'industrie manufacturière a également été une activité clé, voire la plus importante, dans les secteurs de l'automobile et du textile (Graphique 3.10, panels C et D). Cette situation est typique des pays qui reçoivent des IDE à forte intensité de main-d'œuvre, des schémas similaires ayant été observés dans les pays comparables (OECD, 2021[8]).

Graphique 3.10. Part des emplois créés grâce à l'IDE greenfield par type d'activité

Part des emplois créés grâce à l'IDE greenfield par type d'activité

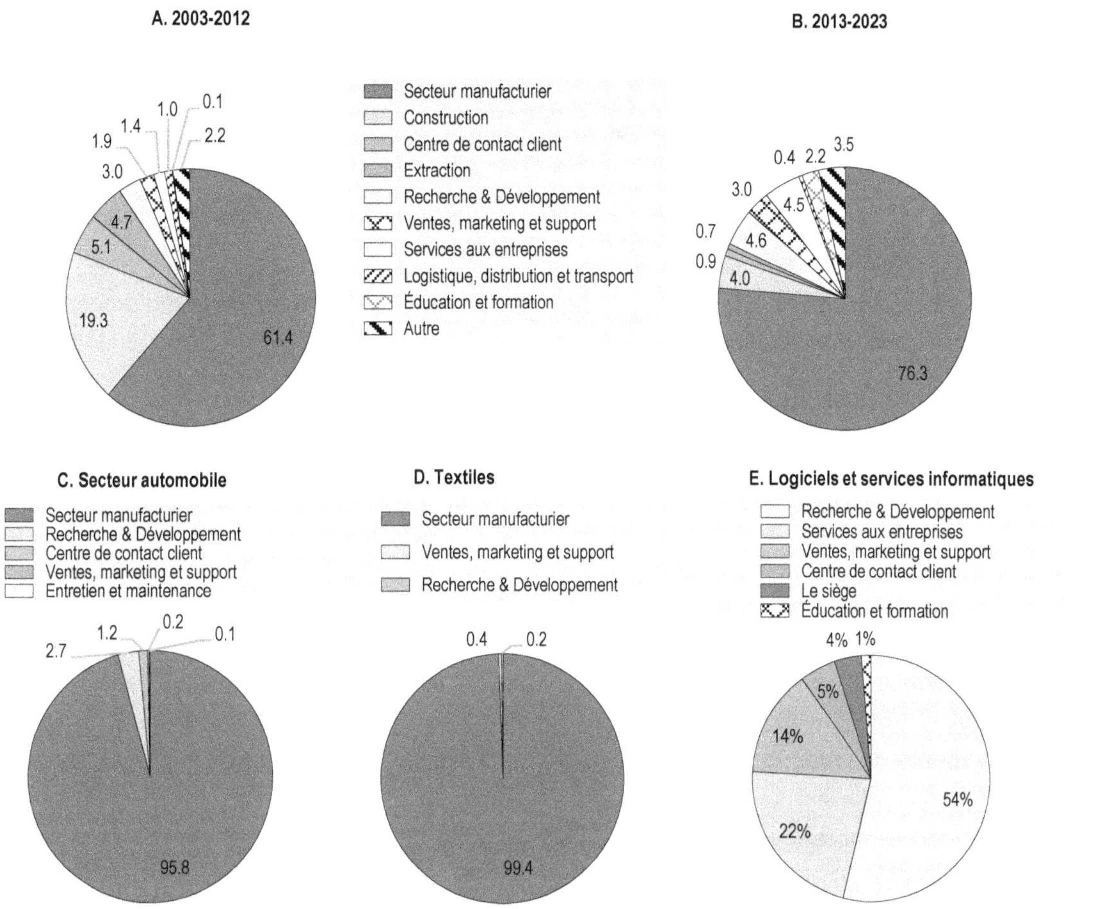

Remarque : les investissements étrangers directs correspondent aux dépenses d'investissement annoncées. Le nombre d'emplois et les dépenses d'investissement sont en partie basés sur des estimations.
Source : calculs de l'OCDE d'après la base de données fDi Markets (Financial Times, 2024[19]), https://www.fdimarkets.com.

L'importance des activités de services a également augmenté. Les services aux entreprises, la recherche et le développement et les activités de vente et de marketing ont contribué à 12 % des nouveaux emplois créés par l'IDE greenfield sur la période 2013-2023, contre 6 % au cours de la période précédente (Graphique 3.10, panels A et B). La R&D a joué un rôle prépondérant dans le secteur des logiciels et des services informatiques, où elle a contribué à hauteur de 54 % des nouveaux emplois créés grâce aux IDE (Graphique 3.10, panel E). Dans le même temps, cette conjoncture est due à la présence d'un projet d'IDE à forte intensité d'emplois et ne définit pas nécessairement une tendance dans le secteur.

3.4. La contribution de l'IDE à la qualité de l'emploi et à l'égalité des genres

Au-delà de la création d'emplois, les IDE influencent également les conditions de travail salariales et non salariales, notamment la stabilité de l'emploi, la sécurité et les conditions d'emploi, ainsi que les résultats en matière de genre sur le marché du travail (OECD, 2022[21])). Les entreprises étrangères influencent également les relations entre employeurs et travailleurs. En tant qu'adhérentes aux Principes directeurs de l'OCDE à l'intention des entreprises multinationales, les autorités tunisiennes sont tenues de promouvoir les Principes directeurs et de faire preuve de diligence raisonnable à cet égard. Les Principes directeurs contiennent plusieurs clauses relatives aux droits des travailleurs, aux relations professionnelles et à la sécurité des travailleurs (Encadré 3.1). D'une manière générale, les institutions du marché du travail sont essentielles pour garantir que les IDE ne contribuent pas à la détérioration des conditions de travail. La négociation collective et les dispositifs permettant aux travailleurs de s'exprimer peuvent en particulier contribuer à ce que les travailleurs bénéficient des IDE en favorisant les solutions collectives aux problèmes et conflits émergents (OECD, 2022[21]). Cette section se concentre sur la contribution de l'IDE aux résultats en matière de salaires et de genre.

Encadré 3.1. Principes directeurs de l'OCDE à l'intention des entreprises multinationales : Emploi et relations professionnelles

Les entreprises multinationales devraient, dans le cadre de la législation, de la réglementation et des relations de travail et pratiques d'emploi en vigueur, ainsi que des normes internationales du travail applicables :

- Respecter le droit des travailleurs employés par l'entreprise multinationale de créer des syndicats et des organisations représentatives de leur choix ou de s'y affilier.
- Observer des normes en matière d'emploi et de relations professionnelles qui ne soient pas moins favorables que celles observées par des employeurs comparables dans le pays d'accueil. En l'absence d'employeurs comparables, offrir les meilleurs salaires et conditions de travail possibles, dans le cadre des politiques gouvernementales.
- Dans toute la mesure du possible, employer des travailleurs locaux et assurer leur formation, en coopération avec les représentants des travailleurs et, le cas échéant, les autorités gouvernementales compétentes.
- Prendre des mesures adéquates pour garantir la santé et la sécurité au travail dans le cadre de leurs activités.
- Lorsqu'ils envisagent d'apporter à leurs activités des changements susceptibles d'avoir des répercussions majeures sur l'emploi, ils en informent dans un délai raisonnable les représentants des travailleurs et, le cas échéant, les autorités gouvernementales compétentes, et coopèrent afin d'atténuer les effets négatifs possibles.
- Dans le cadre de négociations de bonne foi avec les représentants des travailleurs sur les conditions d'emploi, ou lorsque les travailleurs exercent leur droit syndical, ne pas menacer de transférer des activités afin d'influencer injustement ces négociations ou d'entraver l'exercice d'un droit syndical.

Le guide présente des moyens pratiques pour aider les entreprises à éviter les impacts négatifs potentiels de leurs activités et de leurs chaînes d'approvisionnement. Il vise à soutenir les efforts politiques visant à renforcer la confiance entre les entreprises et les sociétés dans lesquelles elles opèrent, et complète les recommandations de diligence raisonnable contenues dans les principes directeurs des Nations unies relatifs aux entreprises et aux droits de l'homme et dans la déclaration de l'OIT relative aux principes et droits fondamentaux au travail.

Source OECD (2023[22]) , Principes directeurs de l'OCDE à l'intention des entreprises multinationales sur la conduite responsable des entreprises, OECD Publishing, Paris, https://doi.org/10.1787/0e8d35b5-fr.

3.4.1. Les entreprises étrangères versent des salaires de plus en plus élevés que les entreprises tunisiennes dans le secteur des services

La performance économique de la Tunisie au cours des deux dernières décennies n'a pas été accompagnée d'une forte amélioration des salaires, essentielle pour améliorer le niveau de vie de la population. Bien que les salaires horaires augmentent à un taux moyen de plus de 5 % depuis 2000, les revenus moyens en Tunisie sont bien inférieurs à ceux des pays de l'OCDE et des pays non-membres de l'OCDE (Graphique 3.11, panel A). Le salaire minimum mensuel dans les secteurs non agricoles (*salaire minimum interprofessionnel garanti*) était de 390 dinars tunisiens (environ 125 dollars américains) en 2022, un niveau faible au regard des normes internationales. Les salaires varient d'un secteur à l'autre, les revenus les plus élevés étant dans les secteurs de la finance, de l'exploitation minière et des services de TIC, résultant de la valeur ajoutée et de la productivité plus élevées de ces secteurs (voir Chapitre 2) (Graphique 3.11, panel B). Les revenus dans le secteur manufacturier sont inférieurs à la moyenne nationale, car les emplois dans ce secteur en Tunisie ne nécessitent généralement pas un niveau de compétences élevé. Des salaires compétitifs, conjugués à un marché du travail en expansion et à la proximité des marchés européens, ont été des facteurs importants de l'attrait de l'IDE en Tunisie.

Graphique 3.11. Les salaires en Tunisie sont faibles par rapport à ceux de pays comparables

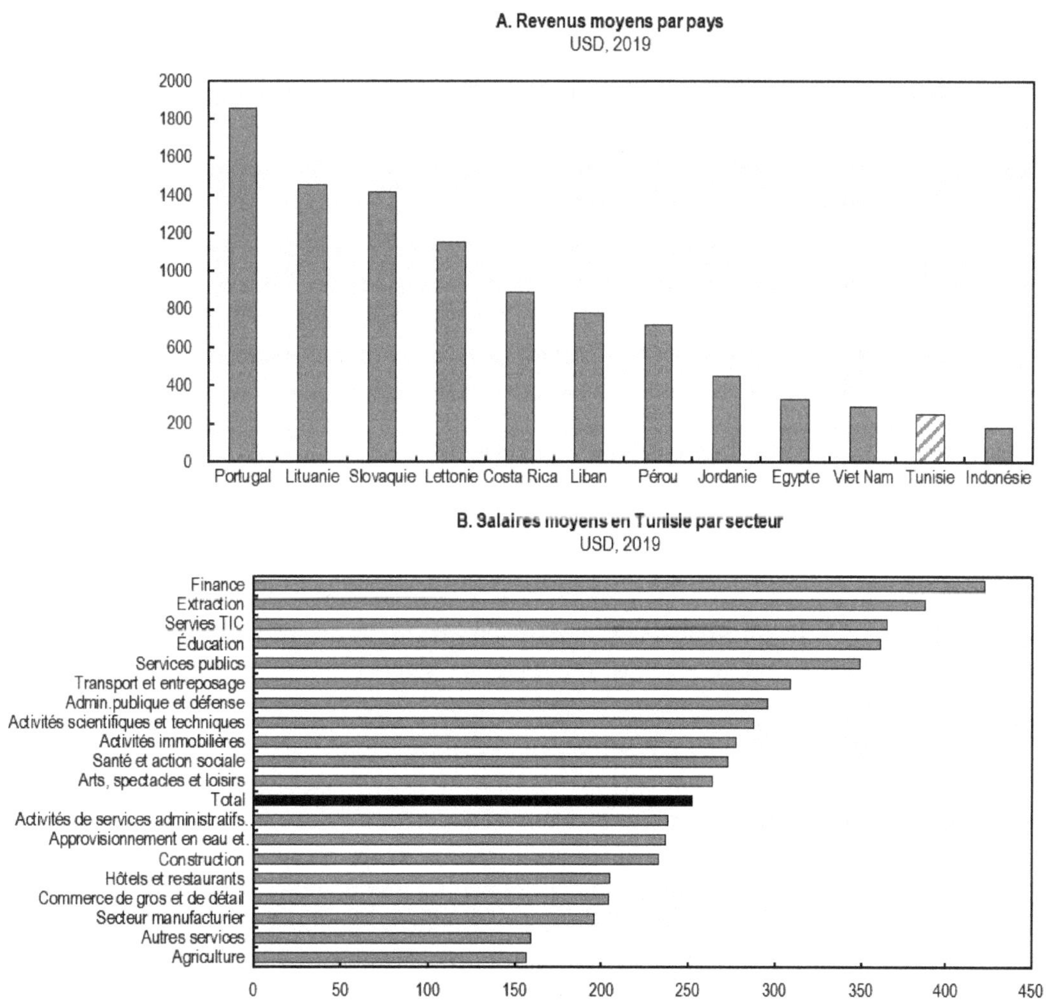

Source : statistiques de l'OIT (ILO, 2024[23]).

L'augmentation des IDE en Tunisie a contribué à améliorer les conditions de travail, notamment grâce à l'augmentation des salaires, bien que les avantages aient varié d'un secteur à l'autre et n'aient peut-être pas été ressentis par l'ensemble de la population. Les effets positifs de l'IDE pourraient ne pas se matérialiser si, par exemple, des entreprises étrangères adoptent des pratiques commerciales irresponsables ou éloignent les travailleurs qualifiés des entreprises tunisiennes (OECD, 2022[21]). Comme les entreprises étrangères sont souvent plus grandes et plus productives, elles offrent généralement de meilleurs salaires, mais la mesure dans laquelle ce résultat se concrétise dépend largement du secteur dans lequel les entreprises opèrent (OECD, 2019[24]). Par exemple, les entreprises opérant dans des secteurs manufacturiers à faible valeur ajoutée qui dépendent de travailleurs peu qualifiés disposent d'une marge de manœuvre moins importante pour offrir de meilleurs salaires que les entreprises des industries manufacturières du secteur de la haute technologie. Cependant, une dispersion excessive des salaires entre les entreprises étrangères et locales peut également conduire à une augmentation des inégalités salariales. Comme la Tunisie attire fortement les IDE dans les secteurs ou activités manufacturiers à faible valeur ajoutée, l'impact à l'échelle de l'économie a été limité.

La prime salariale étrangère, qui mesure le salaire moyen par travailleur dans les entreprises étrangères par rapport aux entreprises tunisiennes, a augmenté depuis 2010, bien que partie de niveaux négatifs. Les salaires moyens dans les entreprises étrangères étaient plus faibles dans le passé, mais les augmentations enregistrées ces dernières années ont conduit la prime salariale à devenir positive en 2020 (Graphique 3.12, panel A). En 2022, les salaires dans les entreprises étrangères étaient en moyenne 3 % plus élevés que dans les entreprises tunisiennes. Il existe néanmoins un écart important entre les salaires dans les secteurs manufacturier et tertiaire. Ce dernier a connu une augmentation significative après 2017, la prime salariale étrangère ayant doublé entre 2010 et 2022. En 2022, les entreprises étrangères offraient des salaires de près de 60 % plus élevés que les entreprises tunisiennes dans les services, grâce à l'augmentation des primes salariales étrangères dans les services aux entreprises, les activités professionnelles et scientifiques et le secteur de la réparation d'ordinateurs.

Les secteurs des services dans lesquels les entreprises étrangères versent des salaires plus élevés que les entreprises tunisiennes comprennent la réparation d'ordinateurs et de machines, ainsi que le commerce de gros et de détail (Graphique 3.12, panel B). Dans ces secteurs, les entreprises étrangères ont offert des salaires au moins deux fois plus élevés que ceux des entreprises tunisiennes sur la période 2010-2022. La réparation des ordinateurs est le secteur où la prime salariale étrangère est la plus élevée (310 %), mais dans lequel seulement 1 % des entreprises sont étrangères. Cela suggère qu'il existe quelques grandes entreprises étrangères qui versent des salaires élevés, alors que de nombreuses entreprises tunisiennes sont probablement de petites micro-entreprises offrant des salaires relativement bas. En outre, les entreprises étrangères affichent des primes salariales positives dans deux secteurs de services où elles sont fortement présentes : les services TIC et les services de soutien aux entreprises, qui représentent ensemble près d'un tiers de la masse salariale totale à l'étranger et ont contribué à l'augmentation rapide de la prime salariale étrangère dans les services. Ces secteurs ont tendance à être plus intensifs en compétences. Par conséquent, la prime salariale étrangère peut en partie refléter une prime en termes de compétences.

Dans le secteur manufacturier, malgré de légères augmentations ces dernières années, les salaires dans les entreprises étrangères sont, en moyenne, inférieurs à ceux des entreprises tunisiennes (Graphique 3.12, panel A). Certains secteurs clés affichent une prime salariale étrangère négative, notamment dans les secteurs de l'agroalimentaire, des produits chimiques et pharmaceutiques, de l'équipement automobile, de la mécanique et de l'électronique (Graphique 3.12, panel B). Les entreprises étrangères peuvent être incitées à investir dans les secteurs manufacturiers tunisiens en raison des coûts de main-d'œuvre relativement bas et n'auraient donc pas la motivation ou la marge nécessaire pour améliorer les conditions salariales de leurs travailleurs. Cela reflète également la productivité du travail plus faible des entreprises étrangères dans les secteurs manufacturiers par rapport à celles des entreprises tunisiennes, tels que dans les secteurs de l'automobile et de l'électronique (voir Chapitre 2).

Parallèlement, les secteurs minier, métallurgique et de la réparation de machines ont affiché de fortes primes salariales étrangères en 2022, illustrant la valeur ajoutée plus élevée des activités dans ces secteurs. Néanmoins, ces secteurs ne représentent qu'une faible part de l'activité des entreprises étrangères et n'ont guère contribué à la prime salariale globale. Les différences importantes entre les primes salariales étrangères d'un secteur à l'autre suggèrent que les entreprises étrangères sont motivées par la compétitivité des coûts pour investir dans un secteur particulier.

Graphique 3.12. Prime salariale des entreprises étrangères en Tunisie dans l'ensemble des secteurs

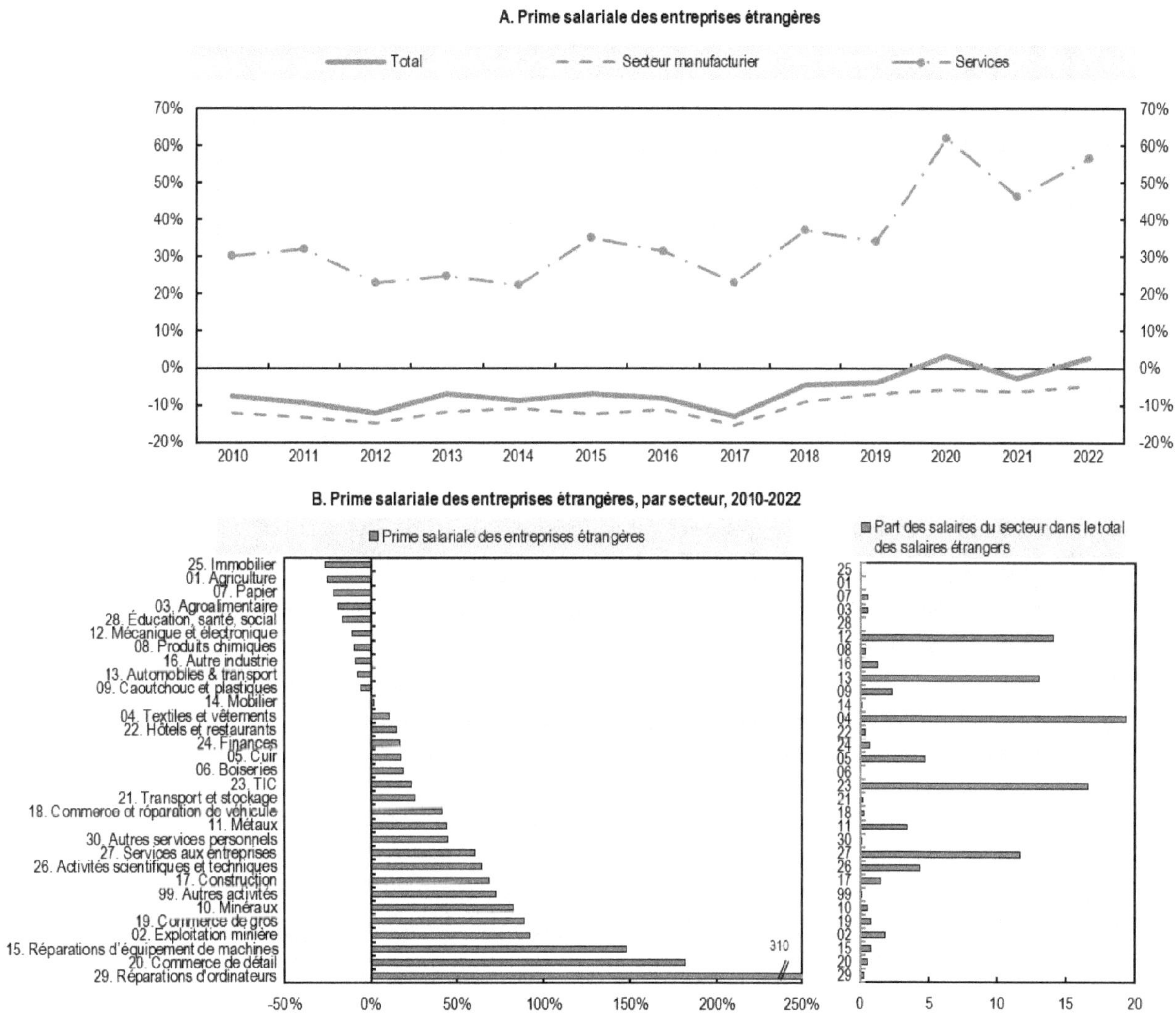

Note : le graphique A exclut l'agriculture, la construction et les secteurs commerciaux où l'emploi informel est le plus répandu.
Source : calculs de l'OCDE d'après l'échantillon du Répertoire national des entreprises (RNE) (INS, 2023[12]).

La prime salariale étrangère en Tunisie est faible par rapport à la moyenne de l'OCDE et à certaines économies comparables. Des données comparables dans certains pays, qui couvrent principalement l'industrie manufacturière, montrent que, dans de nombreux pays, les entreprises étrangères versent des salaires plus élevés que les entreprises tunisiennes (Graphique 3.13). Cependant, en Tunisie, la prime salariale étrangère était d'environ 0, tandis que dans les pays de l'OCDE, les salaires des entreprises étrangères du secteur manufacturier sont en moyenne 40 % plus élevés que dans les entreprises locales.

Cet indicateur diffère légèrement des données de la figure 3.12, en raison des différences de couverture sectorielle entre les bases de données. Il traduit le fait que les entreprises étrangères en Tunisie, comme en Jordanie ou en Thaïlande, ne sont pas beaucoup plus productives que les entreprises tunisiennes ou peuvent être concentrées dans des secteurs où les coûts de main-d'œuvre sont plus compétitifs.

Graphique 3.13. Prime salariale moyenne des entreprises étrangères

Les entreprises étrangères versent des salaires plus élevés si l'indice est supérieur à 0, 2020 ou dernière année disponible

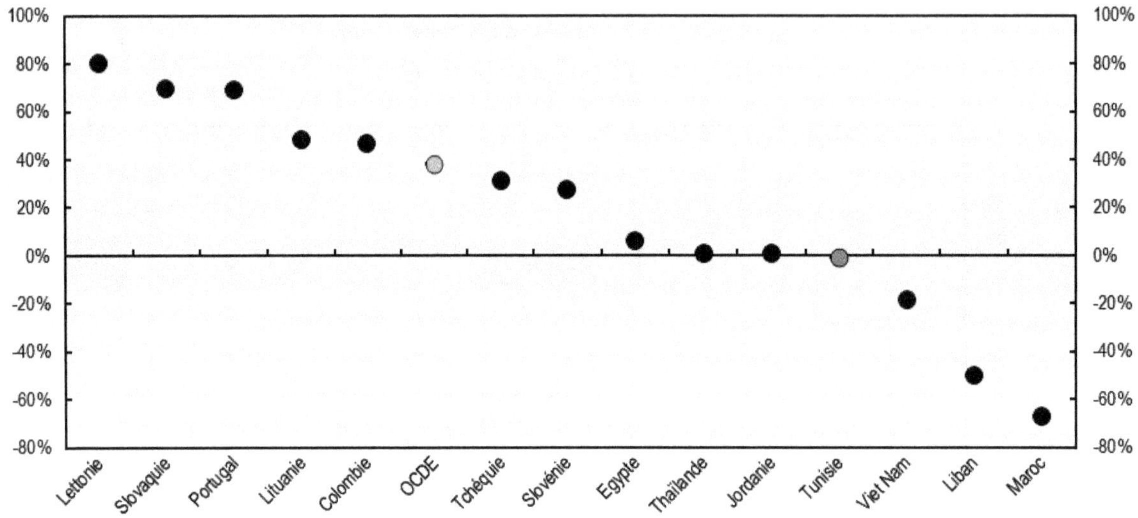

Remarque : l'enquête de la Banque mondiale sur les entreprises en Tunisie et dans d'autres économies est réalisée d'après un échantillon d'entreprises et comprend principalement les secteurs manufacturiers, avec une forte représentation de l'alimentation et des boissons et de l'industrie textile et de l'habillement.
Source : calculs de l'OCDE d'après l'enquête de la Banque mondiale sur les entreprises (World Bank, 2024[25]), https://www.enterprisesurveys.org/en/enterprisesurveys.

3.4.2. Les entreprises étrangères paient des salaires plus élevés dans les secteurs où elles sont également plus productives

Malgré des tendances différentes dans la performance des entreprises étrangères en matière de productivité (Chapitre 2) et des salaires, il existe une corrélation positive au niveau sectoriel. Considérant la période 2010-2022, les secteurs où la performance en matière de productivité du travail est plus élevée sont plus susceptibles d'offrir des salaires plus élevés que les entreprises tunisiennes (Graphique 3.14). Cela montre que les améliorations de la productivité du travail sont un catalyseur important pour de meilleurs salaires, étant donné que les entreprises étrangères sont généralement plus grandes, plus avancées sur le plan technologique et qu'elles embauchent des travailleurs plus qualifiés (OECD, 2019[24]). Notamment, dans un secteur où les entreprises étrangères sont deux fois plus productives que les entreprises tunisiennes, ces entreprises versent en moyenne des salaires supérieurs de 70 %.

L'amélioration de la productivité est un catalyseur important pour de meilleurs salaires, mais seulement dans une certaine mesure. Les secteurs où cette relation est la plus importante comprennent les services financiers, l'exploitation minière, les minéraux et les métaux, les activités scientifiques et techniques et d'autres services personnels. Dans le même temps, il existe des exceptions notables, par exemple, dans le commerce de détail, il n'existe pas de prime de productivité du travail étrangère alors que les entreprises étrangères offrent des salaires 200 % plus élevés en moyenne. Inversement, alors que les entreprises étrangères du commerce de gros sont trois fois plus productives que les entreprises tunisiennes en moyenne, cela se traduit par une augmentation des salaires de 90 %. Les chiffres dans ces secteurs sont susceptibles de présenter des anomalies et doivent être interprétés avec prudence.

Graphique 3.14. De meilleurs salaires dans les entreprises étrangère sont corrélées à une meilleure performance en matière de productivité

Moyenne pour la période 2010-2022 par secteur

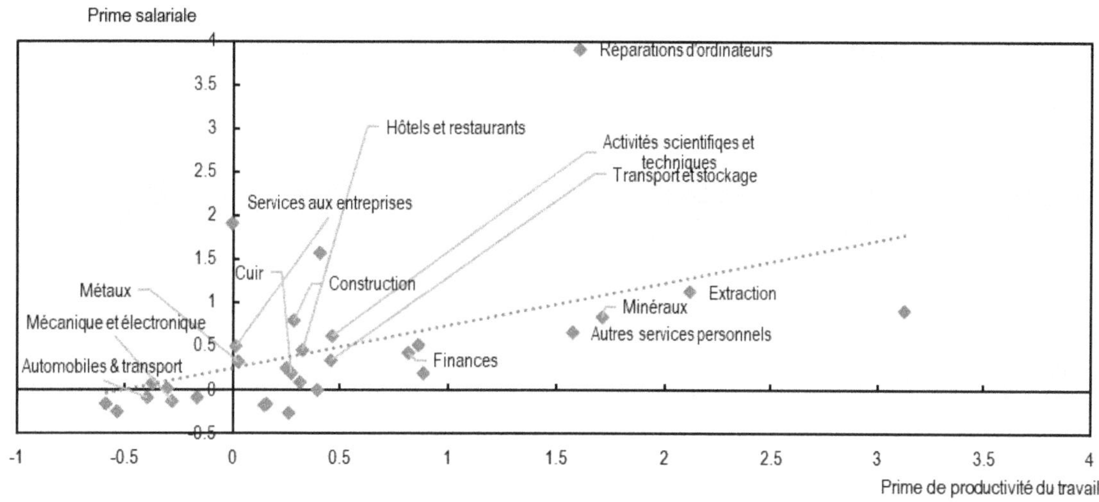

Remarque : la ligne pointillée représente la tendance linéaire.
Source : calculs de l'OCDE d'après l'échantillon du Répertoire national des entreprises (RNE), (INS, 2023[12]).

3.4.3. Les entreprises étrangères emploient plus de femmes que les entreprises tunisiennes, mais pas à des postes de direction

L'IDE peut également contribuer à améliorer l'intégration économique des femmes grâce à l'augmentation de leur participation au marché du travail, ce qui pourrait être important dans des pays comme la Tunisie où cette participation est relativement faible. Les femmes tunisiennes sont employées dans tous les secteurs de l'économie, mais elles ont une forte tendance à travailler dans l'agriculture, les services publics, ainsi que dans le textile et l'industrie électrique et électronique (Boughzala, 2019[4]), deux secteurs manufacturiers dotés d'une forte présence d'entreprises étrangères. L'emploi des femmes dans les secteurs manufacturiers est relativement élevé en Tunisie par rapport aux autres pays de la région MOAN et de l'OCDE, et il est encore plus élevé parmi les entreprises étrangères (Graphique 3.15, panel A). Les femmes représentent en moyenne 58 % des travailleurs dans les entreprises étrangères, contre 37 % dans les entreprises tunisiennes, car les IDE sont de plus en plus orientés vers des secteurs où l'emploi féminin est traditionnellement plus élevé. D'autre part, les entreprises tunisiennes se concentrent davantage dans les secteurs des services tels que le commerce de détail et les transports, où l'emploi masculin est plus répandu (Boughzala, 2019[4]).

Malgré la forte proportion de femmes employées, ces dernières atteignent peu des postes de direction en Tunisie, comme dans d'autres pays de la région MOAN. Seulement 10 % des entreprises comptent un cadre supérieur féminin, ce pourcentage étant légèrement plus élevé dans les entreprises tunisiennes (Graphique 3.15, panel B). Les résultats varient d'un pays à l'autre, la proportion d'entreprises ayant des femmes dirigeantes variant de 2 % en Jordanie à 65 % en Thaïlande. En Tunisie, la participation des femmes au marché du travail semble encore devoir surmonter certains obstacles, également présents dans les entreprises étrangères. Néanmoins, il est de plus en plus fréquent que les femmes participent à la propriété de l'entreprise. La participation des femmes à la propriété est une caractéristique de 40 % des entreprises tunisiennes et de 36 % des entreprises étrangères, des données similaires à la moyenne de l'OCDE et nettement supérieures aux autres pays de la région MOAN (Graphique 3.15, panel C).

Graphique 3.15. La contribution des entreprises étrangères à l'égalité des genres est limitée

Pourcentage, 2020 ou dernière année disponible

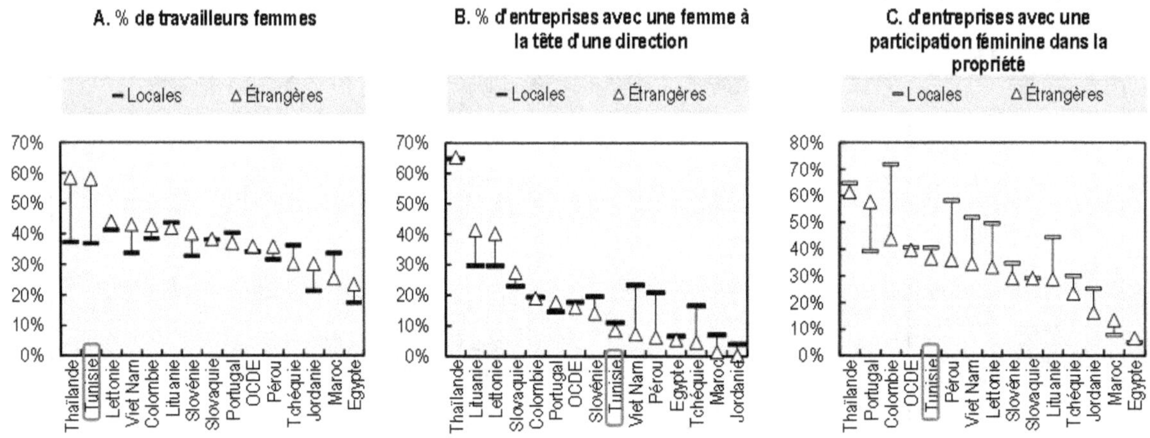

Source : calculs de l'OCDE d'après l'enquête de la Banque mondiale sur les entreprises, (World Bank, 2024[25]), https://www.enterprisesurveys.org/en/enterprisesurveys.

3.5. La contribution de l'IDE au développement des compétences

3.5.1. La main-d'œuvre tunisienne occupe principalement des emplois peu qualifiés

Malgré une économie diversifiée, la plupart des emplois en Tunisie se trouvent dans des secteurs à faible productivité et principalement dans des professions où le niveau de qualification exigé est bas. Ceci résulte en partie des politiques économiques passées visant à attirer des activités à faible valeur ajoutée fondées sur des coûts de main-d'œuvre compétitifs, telles que le textile, l'électronique, la vente au détail et la construction (OECD, 2022[5]). Dans ces secteurs, qui représentaient 43 % de l'emploi privé en 2022, la part des emplois peu qualifiés (cols bleus et blancs) variait de près de 60 % à plus de 80 % (Graphique 3.16). Seuls quelques secteurs affichent un taux de travailleurs qualifiés dépassant 50 %, notamment les secteurs de l'éducation, de la santé et de l'administration publique, qui attirent la majorité des diplômés universitaires tunisiens et ont été un moteur important de la croissance de l'emploi qualifié. Le secteur bancaire et des assurances ainsi que les services aux entreprises sont les autres principales sources d'emplois hautement qualifiés, représentant 10 % de l'emploi privé.

Graphique 3.16. Compétences au sein de l'emploi en Tunisie

Part des travailleurs par catégorie professionnelle et par activité, 2017 (en %)

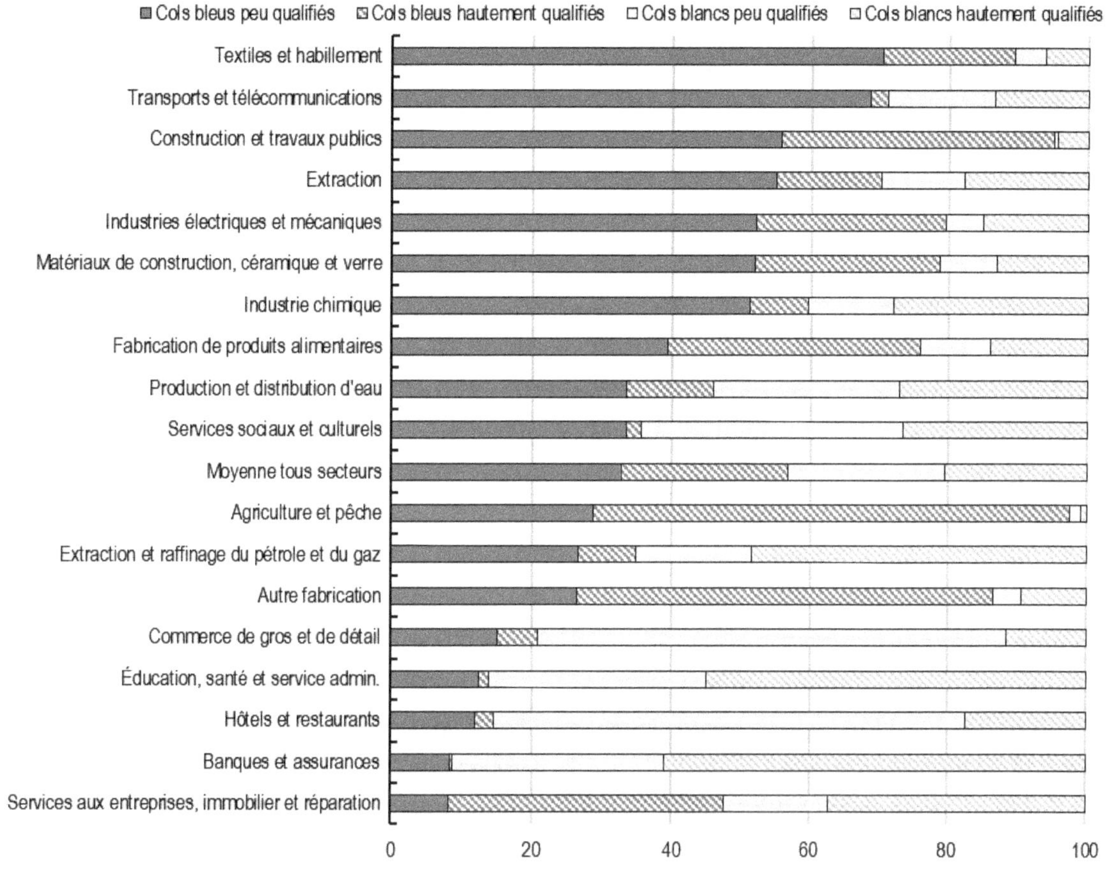

Remarque : selon la Classification internationale type des professions (CITP-08), les cols bleus peu qualifiés comprennent les opérateurs d'usines et de machines, les assembleurs et les professions élémentaires. Les cols bleus hautement qualifiés comprennent les ouvriers qualifiés de l'agriculture et de la pêche ainsi que les artisans et les ouvriers des métiers connexes. Les cols blancs peu qualifiés comprennent quant à eux les commis et les travailleurs des services ainsi que les vendeurs en magasin et sur les marchés. Les cols blancs hautement qualifiés comprennent les législateurs, les hauts fonctionnaires et les gestionnaires, les professionnels ainsi que les techniciens et les professionnels associés.

Source : (OECD, 2022[5]) d'après l'enquête sur la population active de l'Institut national de statistique.

La présence de main-d'œuvre moins qualifiée est plus élevée dans les secteurs qui créent la plupart des emplois liés à l'IDE. Les secteurs du textile et du cuir ainsi que celui de l'électricité et de l'électronique représentent 60 % de l'ensemble des nouveaux emplois créés par l'IDE entre 2013 et 2022 et la moitié de l'emploi dans les entreprises étrangères en 2022, mais en tant qu'industries à faible valeur ajoutée, ils sont dominés par des cols bleus peu qualifiés (Graphique 3.17). Une grande partie des activités de ces secteurs reposent sur des emplois d'assemblage qui requièrent des compétences de base. De même, dans le secteur minier, où une entreprise sur quatre est étrangère, 67 % des emplois nécessitent peu de qualifications. Tout en attirant 10 % des IDE au cours de la période 2013-2022, le secteur des services financiers à forte intensité de compétences n'a pas été un moteur de la croissance de l'emploi, ayant contribué à moins de 1 % des nouveaux emplois créés grâce aux IDE (Graphique 3.5). Le secteur des services aux entreprises est un autre secteur important pour les emplois hautement qualifiés, étant donné qu'un quart des entreprises de ce secteur sont étrangères. Il peut donc générer des retombées de compétences. En outre, l'IDE étant de plus en plus concentré dans des activités à plus forte valeur ajoutée, il pourrait améliorer la demande de travailleurs qualifiés dans certains secteurs, en particulier dans l'électronique.

Graphique 3.17. L'emploi étranger est concentré dans des secteurs à faible niveau de qualification

Part des travailleurs hautement qualifiés et part des étrangers dans l'emploi par secteur

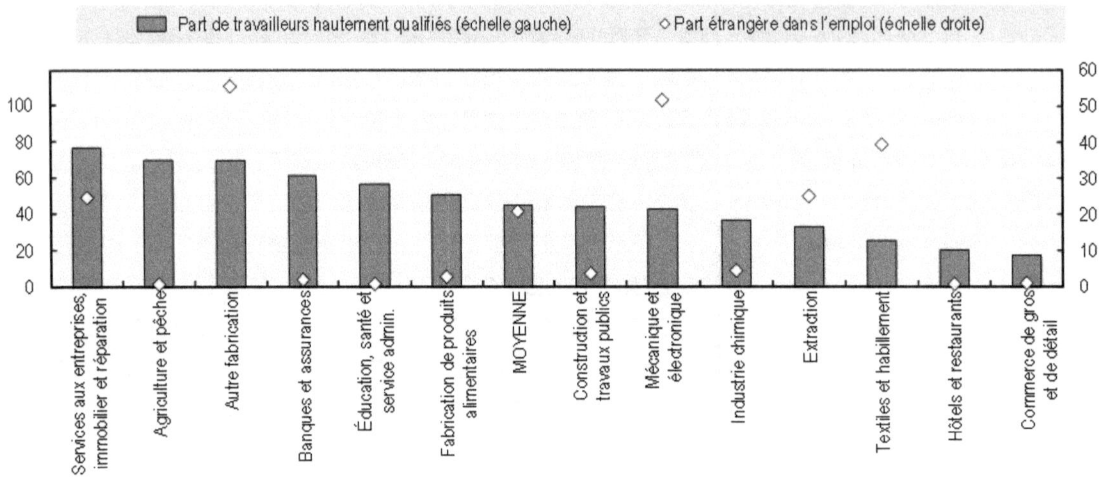

Remarque : La part des travailleurs hautement qualifiés comprend les cols bleus et les cols blancs (voir fig. 3.16).
Source : calculs de l'OCDE d'après le Répertoire national des entreprises (RNE) (INS, 2023[12]) et (OECD, 2022[5]).

La prédominance des offres pour des emplois peu qualifiés et le nombre élevé de diplômés chaque année entraînent une inadéquation des compétences sur le marché du travail tunisien. Celle-ci se produit lorsque les entreprises peinent à trouver des employés possédant les compétences appropriées alors que les demandeurs d'emploi ne trouvent pas d'emploi correspondant à leur niveau de qualification ou d'études. Cela peut être dû soit au fait que les entreprises exigent des compétences avancées insuffisantes parmi les travailleurs, soit au contraire que les demandeurs d'emploi potentiels sont surqualifiés pour le type d'emplois disponibles sur le marché. Ces disparités entraînent non seulement une hausse du chômage, mais également une baisse de la satisfaction au travail. L'inefficacité de la répartition de la main-d'œuvre est également associée à une baisse de la productivité du travail (Adalet McGowan et Andrews, 2015[26]).

En Tunisie, le problème de la surqualification de la main-d'œuvre est plus fréquent que dans les autres pays de la région MOAN, entraînant des postes vacants malgré un chômage élevé chez les jeunes (OECD, 2022[27]). Dans ce même pays, la surqualification dans le monde du travail est fortement corrélée à l'âge, les travailleurs les plus jeunes étant les plus touchés (Kthiri, 2019[6]). Malgré une croissance rapide de la main-d'œuvre qualifiée, en particulier des femmes, la création d'emplois pour ce groupe a été limitée. Au cours de la période 2011-2017, le nombre total de diplômés universitaires a dépassé de 25 % la création totale d'emplois et a été six fois plus élevé que les nouveaux emplois dans les professions à haut niveau de qualification (World Bank, 2022[7]). En raison du manque d'opportunités, de nombreux jeunes préfèrent rester au chômage et attendre un emploi public stable et bien rémunéré, émigrer à l'étranger, voire quitter le marché du travail, comme c'est souvent le cas des femmes (Boughzala, 2019[4]). De plus, la mobilité limitée de la main-d'œuvre des régions défavorisées vers celles qui offrent davantage de possibilités d'emploi contribue davantage à l'inadéquation du marché du travail.

En raison des déséquilibres structurels en matière de compétences, un plus grand nombre d'entreprises en Tunisie que dans les autres pays de la région MOAN et des pays comparables ont du mal à embaucher des travailleurs suffisamment formés. Près de 40 % des entreprises considèrent la main-d'œuvre insuffisamment qualifiée comme une contrainte majeure (contre une moyenne de 20 % dans la région

MOAN), le problème étant encore plus prononcé au sein des entreprises étrangères (Graphique 3.18). Pas moins de 44 % des entreprises étrangères considèrent une main-d'œuvre insuffisamment qualifiée comme une contrainte majeure, contre 34 % des entreprises tunisiennes. Ce pourcentage a augmenté au cours de la dernière décennie. En 2013, il était de 34 % pour les entreprises étrangères et de 28 % pour les entreprises tunisiennes (World Bank, 2024[25]). Les secteurs dans lesquels les employeurs sont les plus susceptibles d'avoir des difficultés à trouver une main-d'œuvre suffisamment qualifiée sont ceux du textile et du cuir, de la construction et de l'hôtellerie et des TIC, où une forte proportion d'entreprises étrangères est également présente (ITCEQ, 2018[28]). Si l'inadéquation de compétences est la principale raison des contraintes de recrutement en Tunisie, d'autres facteurs ont été identifiés par les entreprises en Tunisie, notamment les attentes salariales élevées et les distances géographiques (Boughzala, 2019[4]).

Graphique 3.18. Les entreprises considèrent l'inadéquation des compétences de la main-d'œuvre comme une contrainte majeure

Pourcentage, 2020 ou année la plus récente disponible

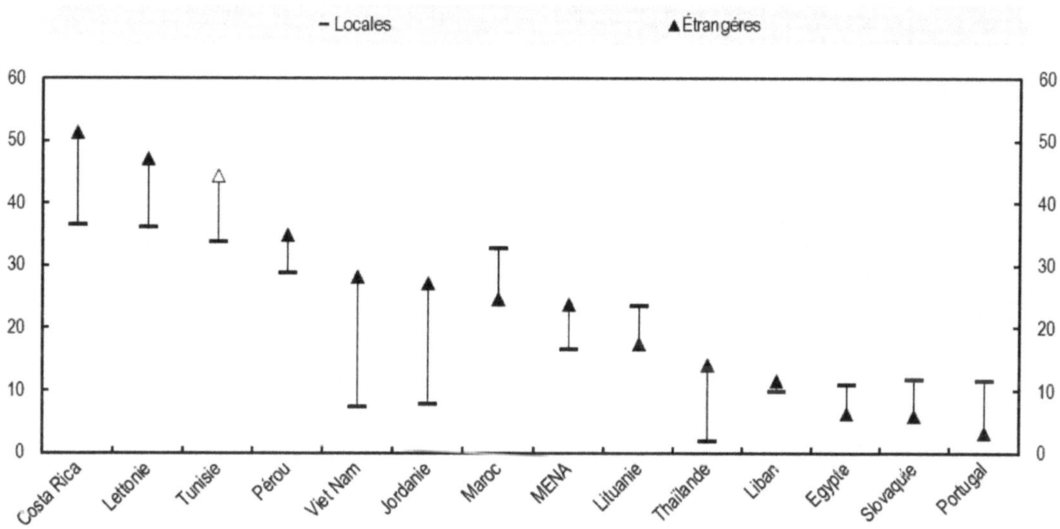

Source : calculs de l'OCDE d'après l'enquête de la Banque mondiale sur les entreprises, (World Bank, 2024[25]), https://www.enterprisesurveys.org/en/enterprisesurveys.

L'IDE peut constituer un canal important pour le développement des compétences, même lorsque la plupart des emplois sont concentrés dans des secteurs demandant peu de qualifications. Les entreprises étrangères peuvent contribuer à accroître l'offre globale de compétences, car elles sont généralement plus susceptibles d'offrir des emplois qualifiés et une formation que leurs homologues locaux (OECD, 2019[24]). En Tunisie, l'emploi de travailleurs qualifiés est relativement faible, avec seulement 50 % des employeurs embauchant des travailleurs qualifiés, contre 76 % dans les pays de l'OCDE et 73 % dans les pays de la région MOAN (Graphique 3.19, panel A). Néanmoins, l'IDE dans les secteurs à faible intensité de compétences peut encore apporter des retombées positives si les entreprises offrent à leurs travailleurs une mise à niveau des compétences, permettant d'améliorer l'intensité globale des compétences de la main-d'œuvre. C'est le cas de la Tunisie où les entreprises étrangères sont deux fois plus susceptibles d'offrir une formation à leurs salariés, avec 38 % des entreprises étrangères qui dispensent une formation formelle contre 19 % des entreprises tunisiennes (Graphique 3.19, panel B). Bien que ce taux soit inférieur à celui observé dans des pays comparables de l'OCDE, la part des entreprises étrangères dispensant des formations est bien plus importante en Tunisie que dans d'autres économies de la région MOAN.

Graphique 3.19. Entreprises embauchant des travailleurs qualifiés et proposant un accès à la formation

Pourcentage, 2020 ou dernière année disponible

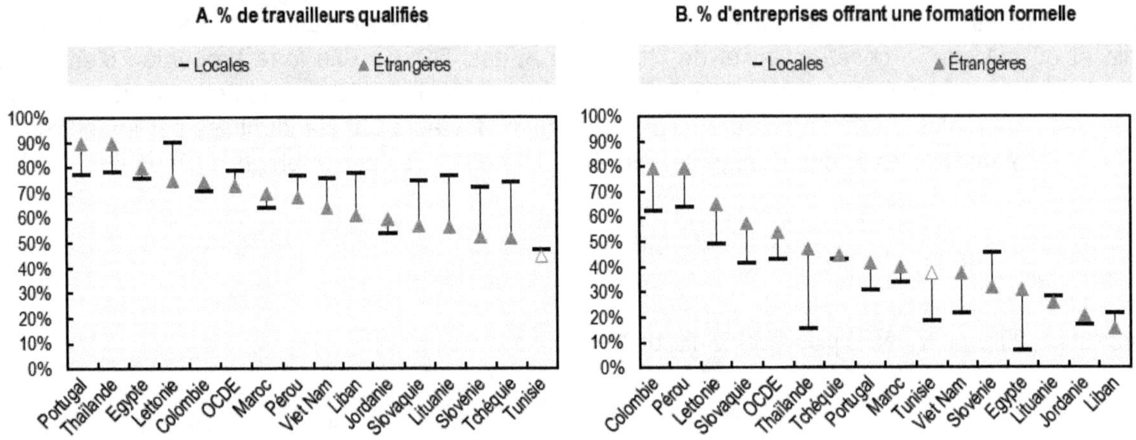

Source : calculs de l'OCDE d'après l'enquête de la Banque mondiale sur les entreprises (World Bank, 2024[25]), https://www.enterprisesurveys.org/en/enterprisesurveys.

Références

Adalet McGowan, M. et D. Andrews (2015), « Labour Market Mismatch and Labour Productivity: Evidence from PIAAC Data », *OECD Economics Department Working Papers*, n° 1209, OECD Publishing, Paris, https://doi.org/10.1787/5js1pzx1r2kb-en. [26]

Belgacem, A. et J. Vacher (2023), « Why Is Tunisia's Unemployment So High? Evidence From Policy Factors Approved by Amine Mati », *IMF Working Paper* No. 2023/219, https://ssrn.com/abstract=4619837 (consulté le 6 janvier 2024). [9]

Boughzala, M. (2019), *MARCHÉ DU TRAVAIL, DYNAMIQUE DES COMPÉTENCES ET POLITIQUES D'EMPLOI EN TUNISIE*, European Training Foundation, https://www.etf.europa.eu/sites/default/files/2019-08/labour_market_tunisia_fr.pdf (consulté le 29 janvier 2024). [4]

Boughzala, M. et M. Hamdi (2014), « PROMOTING INCLUSIVE GROWTH IN ARAB COUNTRIES RURAL AND REGIONAL DEVELOPMENT AND INEQUALITY IN TUNISIA », *Global Economy & Development*, vol. Working Paper 71. [11]

Bouzid, B. et S. Toumi (2020), *The Determinants of Regional Foreign Direct Investment and Its Spatial Dependence Evidence from Tunisia*, World Bank Group. [18]

Financial Times (2024), *fDi Markets*, https://www.fdimarkets.com. [19]

FIPA (2023), *Rapports annuels des IDE*. [16]

ILO (2024), *Labour Force Statistics*, https://ilostat.ilo.org/data/. [2]

ILO (2024), *Statistics on wages*, https://ilostat.ilo.org/topics/wages/. [23]

INS (2024), *Répartition de la population active occupée selon le secteur d'activité*, https://ins.tn/statistiques/151. [10]

INS (2023), *Répertoire National des Entreprises (RNE)*. [12]

INS (2022), *STATISTIQUES ISSUES DU RÉPERTOIRE NATIONAL DES ENTREPRISES - 12 Edition 2022*. [15]

INS (2020), *Indicateurs sur l'emploi informel 2019*, https://ins.tn/publication/indicateurs-sur-lemploi-informel-2019 (consulté le 26 janvier 2024). [1]

ITCEQ (2018), *Climat des affaires et compétitivité des entreprises : Résultats de l'enquête 2016*, Institut Tunisien de la Compétitivité et des Etudes Quantitatives, http://www.itceq.tn/files/climat-des-affaires-competitivite/enquete2016-climat-des-affaires-competitivite.pdf (consulté le 1 février 2024). [28]

Kthiri, W. (2019), « Over-education in the Tunisian labour market: Characteristics and determinants », *EMNES Working Paper n.22*, http://www.emnes.org (consulté le 20 mars 2024). [6]

Ministère de l'Industrie, D. (2022), *Stratégie Industrielle et d'Innovation 2035*, http://www.tunisieindustrie.gov.tn/si2035/Livrable_7_Rapport_final.pdf. [20]

OCDE (2023), *Principes directeurs de l'OCDE à l'intention des entreprises multinationales sur la conduite responsable des entreprises*, Éditions OCDE, Paris, https://doi.org/10.1787/0e8d35b5-fr. [22]

OECD (2024), *Labour Force Statistics*, https://stats.oecd.org/. [3]

OECD (2023), *Analytical AMNE Database*, https://www.oecd.org/sti/ind/analytical-amne-database.htm. [13]

OECD (2022), *FDI Qualities Policy Toolkit*, OECD Publishing, Paris, https://doi.org/10.1787/7ba74100-en. [21]

OECD (2022), *FDI Qualities Review of Jordan: Strengthening Sustainable Investment*, OECD Publishing, Paris, https://doi.org/10.1787/736c77d2-en. [27]

OECD (2022), *OECD Economic Surveys: Tunisia 2022*, OECD Publishing, Paris, https://doi.org/10.1787/7f9459cf-en. [5]

OECD (2022), « The geography of foreign investment in OECD member countries: How investment promotion agencies support regional development », *OECD Business and Finance Policy Papers*, n° 20, OECD Publishing, Paris, https://doi.org/10.1787/1f293a25-en. [17]

OECD (2021), *Middle East and North Africa Investment Policy Perspectives*, OECD Publishing, Paris, https://doi.org/10.1787/6d84ee94-en. [8]

OECD (2019), *FDI Qualities Indicators: Measuring the sustainable development impact of investment*, Paris, https://www.oecd.org/investment/investment-policy/FDI-Qualities-Indicators-Measuring-Sustainable-Development-Impacts.pdf. [24]

World Bank (2024), *World Bank Enterprise Surveys*, https://www.enterprisesurveys.org/en/enterprisesurveys. [25]

World Bank (2022), *Tunisia's Jobs Landscape*, World Bank Group. [7]

World Bank (2014), *The Unfinished Revolution: Bringing Opportunity, Good Jobs And Greater Wealth To All Tunisians*, World Bank Group, Washington D.C., https://documents.worldbank.org/en/publication/documents-reports/documentdetail/658461468312323813/the-unfinished-revolution-bringing-opportunity-good-jobs-and-greater-wealth-to-all-tunisians. [14]